रैदास बानी

(संत कवि रैदास की सम्पूर्ण रचनाओं का प्रामाणिक संकलन)

रैदास बानी

संपादक

शुकदेव सिंह

राधाकृष्ण प्रकाशन

ISBN : 978-81-8361-458-0

रैदास बानी

पहला संस्करण : 2003
चौथा संस्करण : 2018

मूल्य : ₹695

प्रकाशक
राधाकृष्ण प्रकाशन प्राइवेट लिमिटेड
जी-17, जगतपुरी, दिल्ली-110 051

शाखाएँ : अशोक राजपथ, साइंस कॉलेज के सामने, पटना-800 006
पहली मंजिल, दरबारी बिल्डिंग, महात्मा गांधी मार्ग, इलाहाबाद-211 001
36 ए, शेक्सपियर सरणी, कोलकाता-700 017

वेबसाइट : www.radhakrishnaprakashan.com
ई-मेल : info@radhakrishnaprakashan.com

मुद्रक
बी.के. ऑफसेट
नवीन शाहदरा, दिल्ली-110 032

RAIDAS BANI
Edited by Shukdev Singh

कवि, विदुषी, दृष्टिसम्पन्न
राजनेता
श्रीमती मीराकुमार बहनजी
के
लिए

आभार

रैदास की रचनाओं के संपादन का दायित्व श्रद्धेय बाबू जगजीवन राम ने दिया। आठ वर्षों के अथक परिश्रम के बाद तैयार पुस्तक को राजघाट वाराणसी के निर्माणाधीन रैदास-मंदिर में पूरा संगमरमर पत्थर पर लिखा गया। इसके बाद मेरे दो विद्यार्थियों पीटर फ्राईलैंडर (लंदन) और जोजेफ सोलेर (अमेरिका) ने पाठ और रैदास जी के जीवन पर अपना शोध पूरा किया। फिर भी काम चलता रहा। अनेक हस्तलेख मिलते गये। वर्तमान रूप मेरी ओर से अंतिम रूप है।

संपादक; बाबू जगजीवन राम, श्रीमती मीरा कुमार और स्व. श्रीरामलखन के प्रति आभारी है और इस पुस्तक के लिए उन्हीं को श्रेय देता है। पुस्तक का संपादन पत्थर-लेख से पर्याप्त भिन्न और स्वतंत्र है। इसमें वर्षों बाद का परिश्रम लगा है।

क्रम

खंड-2 : रैदास परिचई

प्रस्तावना

रैदास बानी

पाठ संपादन की परंपराएँ और समस्याएँ

मध्यकालीन हस्तलेखों के संपादन की कुछ रूढ़ियाँ बन चुकी हैं, जिनको नकारना आवश्यक है।

1. पहली रूढ़ि यह है कि मध्यकाल के कवि अपनी रचनाएँ अपने हाथ से लिखा करते थे। यदि उनके हाथ से लिखी हुई पोथी मिल जाय तो वह सर्वाधिक प्रामाणिक होगी। लेकिन यह स्पष्ट करना आवश्यक है कि कवियों में अधिकांश या शतांश कातिब नहीं होते थे। पाथी या हस्तलेख के रूप में उसे लिखने के लिए कातिब की जरूरत होती थी। जितने भी हस्तलेख मिलते हैं, वे खास तरह के कागज, खास तरह की स्याही, निश्चित प्रकार की शिरोरेखा, खत, मात्राविधि, णत्व विधान, नत्व प्रक्रिया, शषस संबंधी प्रायः एक 'स' और कभी-कभी तालव्य 'श' की नीति, काली और लाल स्याही, लेखन की तिथि, वर्ष अर्थात् पुष्पिका से संबद्ध होते हैं। वर्तनी संबंधी नीतियाँ तद्भव भाषा के अनुलेखन से संबंधित होती हैं। संयुक्ताक्षर कब और कैसे इस्तेमाल होंगे, वर्गीय अनुनासिकों का कब प्रयोग होगा और नहीं होगा, लघु-दीघु मात्राएँ बोली जायेंगी उसी रूप में नहीं लिखी जायेंगी—वे कातिब की लेखन-परंपरा से संबंधित होंगी। अ, झ, ख, ष, ज, य इत्यादि का अनुलेखन कातिब के लेखन-स्कूल या सेक्ट या संप्रदाय से संबंधित होगा। इसलिए हस्तलेखों की परीक्षा करते समय लेखन संबंधी भ्रम, त्रुटि और लिपिकार और कातिब की लेखन-रूढ़ि की प्रयोगावृत्ति को ध्यान में रखकर पाठानुसंधान होना चाहिए। हस्तलेख को ज्यों का त्यों उतारना प्रतिलिपीकरण है, पाठ-निर्धारण नहीं।

2. पोथी लिखने के साथ एक विशेष तरह की ग्रंथ-कल्पना प्रचलित थी। रचनाओं को विचार मानकर उनके तमाम तरह के वर्ग, खंड, विभाग किये जाते थे। विभाग की इसी व्यवस्था को ग्रंथ (रचना-बंध) कहते हैं। ये रचना-बंध या ग्रंथ काव्य-रूप संबंधी विभागों-प्रभागों का मूल आधार लेते थे जैसे—साखी, सबद, रमैनी, चौंतीसा, पद, कहरा, हरिजस, बिरहुली, फाग, चांचरि इत्यादि। कभी-कभी विभाग या प्रभाग या क्रम को छंदों से भी अनुशासित किया जाता था जैसे दोहा, चौपाई, सोरठा, बरवे, सवैया, घनाक्षरी और अन्य। लेकिन छंद संबंधी व्यवस्था या प्रभाग मुख्य रूप से सगुण रचनाओं में ही पाये जाते हैं। निर्गुण रचनाकारों की रचनाएँ साखी, पद, सबद, रमैनी जैसे विभागों में ही होती

हैं। उदाहरण के लिए कबीर-बीजक को सामने रखा जा सकता है।

3. रचनाओं को ग्रंथ या पोथी में बाँधने के लिए विभिन्न संप्रदायों, उप संप्रदायों, पंथों, शाखाओं का दर्शन या विचार-पक्ष भी नियामक होता है। खास तरह से विभिन्न 'अंगों' में रचनाओं का वर्गीकरण प्रायः विचार या दर्शन केंद्रित वर्गीकरण है। नागरी दास के 'पद-प्रसंग' और प्रियादास की 'भक्तमाल' संबंधी टीका के प्रमाणों से ऐसा लगता है कि कुछ या अनेक रचनाओं के साथ कोई निजंधर (लीजेंड) जुड़ जाता था और यह प्रसिद्धि हो जाती थी कि अमुक रचना, अमुक वाद या विवाद, उपासना या अर्त्ति-निवेदन, उल्लास या उदासी के समय लिखी गयी थी। पद-प्रसंग या टीकाओं में इस तरह के निजंधरों को संग्रहीत किया जाता था।

4. रचनाओं को लिखते समय विभिन्न रागों में वर्गीकृत किया जाता था, जिसका अभिप्रायः संभवतः यह है कि यह रचना अमुक ऋतु, दिन या रात के अमुक भाग में इस राग में गायी जाएगी। रागार्थ और काव्यार्थ का यह संबंध कब और कैसे बना, कहना कठिन है। लेकिन चर्या-पदों से लेकर अठारहवीं शताब्दी तक की सबद या पद रचनाएँ विभिन्न राग-रागिनियों के नाम से संबद्ध करके पोथियों में लिखी पाई जाती हैं। यहाँ यह जानना आवश्यक है कि क्या लिपिकार या रचनाकार रागों और कविता के ऋतु और ताल तथा लयविधान के बारे में इतना विज्ञ होता था कि वह अनेक राग-रागिनियों को छोड़ते हुए यह निश्चित कर दे कि यह पद इसी राग में गाया जाना चाहिए, अन्य रागों में इस पद को गाना काव्यार्थ के लिए घातक है। राग-रागिनियों में वर्गीकरण जितना लोकप्रिय और रूढ़ है उतना ही गंभीर मीमांसा और प्रश्न-चिंता का विषय है।

5. मध्यकालीन रचनाएँ राग, धरु महला जैसे वर्गों में भी बाँटी जाती थीं। यह परंपरा 'गुरुपद-प्राप्त' पोथियों में पायी जाती है। 'आदि ग्रंथ' या 'गुरुग्रंथ साहब' में यह साँचा या ढाँचा व्यवहृत है। कहीं-कहीं राग, छंद, साखी, सबद, रमैनी जैसे प्रभागों का मिला-जुला रूप पाया जाता है। जैसे बावरी-पंथ की पुस्तक 'रामजहाज' में सबद, राग, साखी, रमैनी, गुरुदया, शिष्य-अर्ज जैसे वर्गीकरण भी हैं। चाँचरि और होरी भी है, झूलना भी है, ध्रुवक या टेक वाली पद्धति भी है।

6. मध्यकालीन रचनाएँ गोष्ठी, बोध, सागर, संवाद, सरोदय, प्राण-संकली, स्वासगुंजार, हरिजस, पहरा जैसे रूपों में भी मिलती हैं। इस तरह मध्यकालीन ग्रंथों में ग्रंथन या आज की भाषा में संपादन, व्यवस्थापन या पुस्तक बनाने की अनेक विधियाँ प्रचलित थीं। निश्चित रूप से इन विधियों के आविष्कर्ता प्रायः कवि या संत नहीं होते थे। संप्रदाय या पंथ के विचारक, पुस्तक के प्रशिक्षित लिपिकार, संगीत, काव्य और पिंगल के विद्वान होते थे। इसके साथ यह भी कहना आवश्यक है कि जो 'ग्रंथ' लिखे जाते थे, यदि बहुत लोकप्रिय होते थे तो अधिक पढ़े जाने के कारण, पोथी के जीर्ण हो जाने पर उनकी प्रति बना ली जाती थी और जीर्ण पुस्तक को गंगा में या कहीं अन्यत्र विसर्जित कर दिया जाता था। इसीलिए अधिकांश पोथियों में यह बात मिलती है–जस

देखा तस लिखा, मम दोषो न दीयताम्। साधु जनन से विनती मोरी टूटल अच्छर लेब सब जोरी। इति राम राम छ छ छ छ। दिन मिति वर्ष का उल्लेख भी होता था। इसलिए यह सावधानी बरतने की आवश्यकता है कि अगर तिथि की दृष्टि से कोई पुस्तक सत्रहवीं शताब्दी का प्रतिलिपि लेख है तो वह पाठ की दृष्टि से पुराना हो सकता है और सोलहवीं शताब्दी का कोई हस्तलेख पाठक हाथों से बिना घिसा हुआ होने के कारण यदि बचा रह गया है और प्रतिलिपीकरण की अनेक पीढ़ियों से नहीं गुजरा है तो उसका पाठ अपेक्षाकृत नया हो सकता है। इसलिए संपादन के लिए आधार प्रतियों का चयन करते समय हस्तलेख-लेखन, उसके पठन-पाठन, प्रचार प्रतिलिपीकरण, अनुलेखन-परंपरा, वर्तनी लेखन में तद्भवीकरण की प्रवृत्ति, लिपिकार की शोधन-वृत्ति, उसका अतिज्ञान या अज्ञान—तमाम कारणों की मीमांसा करना आवश्यक है।

7. इसके साथ ही यह भी बता देना जरूरी है कि मठों या संप्रदायों में बेठन-बद्ध पोथियों में जो रचनाएँ पाई जाती हैं, वे प्रायः पंथ या संप्रदाय के सिद्धांत के अनुशासन के भीतर विचार-प्रतिपादन के उद्देश्य से पंथ-सिद्धांत की प्रामाणिकता की दृष्टि से संग्रहीत की जाती हैं। उदाहरण के लिए दादू-पंथी पोथियों में संग्रहीत रचनाओं में पचास-साठ प्रतिशत कवित्व की दृष्टि से उच्च कोटि की नहीं हैं। लेकिन संप्रदाय-सिद्धांत की दृष्टि से अधिक सार्थक और महत्त्वपूर्ण हैं। इनकी तुलना में कवित्व की श्रेष्ठता की दृष्टि से संग्रहीत पद संग्रह अधिक महत्त्वपूर्ण हो सकते हैं। इसी तरह श्रुति परंपरा में अपने वेदों के गण पाठ को सुरक्षित करने वाली भारतीय जाति के संदर्भ में यह बताना जरूरी है कि अनेक रचनाएँ कवित्व और मार्मिकता की दृष्टि से मौखिक परंपरा, अर्थात् श्रुति के रूप में अधिक महत्त्वपूर्ण हो सकती हैं। 'कबीर बीजक' के अनेक पदों की तुलना में जोगियों और निर्गुण गायकों के कंठ में कबीर के जो पद सुरक्षित हैं वे अधिक मार्मिक हैं। इनका चयन करते समय अत्यंत सावधानी की आवश्यकता है। क्योंकि मौखिक परंपरा के पदों में स्मृति से संबंधित जोड़-घटाव, बोली-प्रभाव, पंक्ति का उतार-चढ़ाव, पंक्ति को आगे-पीछे करना संभव है। इसलिए पाठ-संपादन करते समय लिखित और मौखिक परंपरा की विशेषताओं और अनुशासनों को ध्यान में रखना आवश्यक है।

रैदास बानी का पाठ

संत रैदास का कबीर की तरह कोई पंथ, संप्रदाय या उप-संप्रदाय नहीं बना। जिस तरह कबीर-पंथ की चार मुख्य शाखाएँ और प्रायः 128 उप-शाखाएँ बनीं और इनका प्रभाव कबीर की रचनाओं के संकलन, संपादन, पोथियों तथा गुरु-पद-पोथियों पर पड़ा, उनकी कृतियों का एक विशिष्ट संग्रह 'कबीरबीजक' के नाम से स्थापित हुआ, जिसमें रमैनी एक-दो को दो-एक करके शाखाएँ खड़ी हुई, पदों का क्रम बदलकर सबद की धारणा खड़ी की गई और दोहों को साखी कहकर क्रम बदल-बदलकर साखियों को घटा-बढ़ाकर

'बीजक' को पंथ के योग्य बनाया गया। प्रायः पैंतीस, छत्तीस बीजक की टीकाएँ बनीं, इसके साथ ही संत-संप्रदायों की रचना में कबीर के पदों ओर साखियों का उपयोग हुआ। यही एक बिंदु है जहाँ रैदास कबीर की कोटि में आते हैं। नामदेव, कबीर और रैदास अनिवार्य रूप से अनेक तरह के पंथ-पोथियों में अपनी कृतियों के साथ हैं। इस दृष्टि से दादू-पंथ की पोथियाँ और सिख-पंथ का गुरुग्रंथ अत्यंत महत्त्वपूर्ण है। दादू पंथी पोथियाँ प्रायः पंचबानी के रूप में संकलित हैं। हरिदास, गरीबदास की पंथ पोथियों में भी कबीर के समानांतर ही रैदास का उपयोग किया गया है। दादू ग्रंथ के रूप में लिखी हुई पोथियों के सैकड़ों संग्रह, विभिन्न रूप और रूपांतर के साथ राजस्थान के जयपुर, जोधपुर, उदयपुर, बीकानेर, आमेर के ग्रंथागारों में उपलब्ध हैं। महाराष्ट्र के पूना, पंजाब के अमृतसर से लेकर अनेक गुरुद्वारों और रैदासी डेरों में ऐसे हस्तलेख उपलब्ध हैं जिनमें रैदास की रचनाएँ हैं। बनारस की 'नागरी प्रचारिणी सभा', इलाहाबाद के 'हिंदी साहित्य सम्मेलन' के हस्तलेख संग्रहों में भी कबीर के साथ रैदास की अनेक रचनाएँ उपलब्ध हैं। इनमें अनेक दादू-पंथी पोथियाँ हैं। इसके साथ ही संत रामचरण, पल्टूदास, जगजीवन साहब, संत घासीदास सतनामी से जुड़ी हुई पंथ-पोथियों में रैदास की रचनाएँ मिलती हैं। इन्हें पंथ-पोथी या साधु-पोथी में उपलब्ध रचना कह सकते हैं।

रज्जबदास की 'सर्वगी' और संत गोपाल की 'सर्वगी' में रैदास की रचनाओं की सुनिश्चित संख्या है। रज्जब की सर्वगी में 9 और गोपालदास की सर्वगी में 67 रचनाएँ अंगों और रागों में वर्गीकृत हैं। इसके अतिरिक्त संप्रदाय और पंथ और पंथ-परंपरा से भिन्न भी कुछ ऐसी पोथियाँ मिलती हैं जिनमें रैदास के पद मिल जाते हैं। इससे इतना ही अनुमान लगाया जा सकता है कि साधु-संतों की वाणी एकत्र करते समय रैदास अठारहवीं शताब्दी के बीच एक अनिवार्य संत के रूप में स्थापित हुए। प्रोफेसर विनांत कैल्वर्ट, वेल्जियम और मेरे छात्र पीटर जी फ्राईलैंडर, लंदन को 'फतेहपुर हस्तलेख' सन् 1582' में रैदास के पाँच पद मिले। ये पद अपनी स्वतंत्र पहचान बताते हैं, लेकिन रैदास के उपलब्ध पदों से बहुत भिन्न नहीं हैं। यह भी स्पष्ट नहीं है कि इन पदों के चयन का आधार क्या है। इतना अवश्य है कि इनमें रैदास का 'पहरा' है। ऐसा लगता है कि रैदास के 'पहरा' और 'हरिजस' नाम से मिलने वाली रचनाओं को विशेष महत्ता प्राप्त हो गई थी, क्योंकि जयपुर सिटी पैलेस से प्राप्त 'सूर पद-संग्रह' नामक हस्तलेख में भी रैदास की चार रचनाएँ मिलती हैं। विनांत कैल्वर्ट को रैदास के पाँच पद मिले थे जिनकी सूचना मुझे पीटर फ्राईलैंडर ने दी थी। लेकिन बाद में हस्तलेख की परीक्षा करने पर चार पद ही मिले थे। रैदास के 'पहरा' को लंबा होने के कारण दो पद मान लिया गया। इसमें भी हरिजस और पहरा का संकलित होना इस बात का प्रमाण है कि इन दोनों रचनाओं को विशेष गरिमा प्राप्त हो गई थी। पद-संग्रह के रूप में उपलब्ध अनेक हस्तलेखों में रैदास जी के 'आरती के पद' मिलते हैं, जिससे यह अनुमान लगाया जा सकता है कि 'पहरा' और 'हरिजस' के साथ इनके द्वारा लिखित 'आरती' के पदों को भी गरिमा प्राप्त हुई थी। क्योंकि ये आरती के पद, छंद, लय, गेयता की दृष्टि से

आरती चर्या में हैं लेकिन ये आरती की महिमा के विरोध में लिखे गये हैं। यह अद्भुत बात है कि जहाँ संत कबीर पूजा-अर्चा और पाखंड का विरोध करने के लिए 'सबद' और 'साखी' में उतरते थे, लेकिन रैदास, पूजा, अर्चा, मूर्ति, प्रतीक और अवतार नामों का प्रयोग करते हुए, उसके तमाम औपचारिक अनुशासनों में शब्द के स्तर पर रहते हुए, अर्थ और कथ के बिंदु पर बाह्याचार का विरोध करते थे। फिर भी 'सूर पद-संग्रह' में रैदास की चार रचनाओं का मिलना अत्यंत महत्त्वपूर्ण है। गाजीपुर में बावरी-पंथ के प्रसिद्ध स्थान भुडुकड़ा मठ के पास 'करहा' मठ है। यह मठ सूफियों, जोगियों और बैरागियों की मिली-जुली संस्कृति का मठ है। आजकल इस पर रामानंदियों का वर्चस्व है। इस मठ पर भी मुझे एक ऐसा हस्तलेख मिला जिसमें विद्यापति जैसे रसिक कवि की रचनाएँ हैं, साथ ही संतों, भक्तों, सगुण-निर्गुण रचनाओं का संग्रह है। इसमें भी रैदास के तीन-चार पद मिलते हैं। इस तरह यह स्पष्ट है कि कबीर और नामदेव की तरह ही साधु-पंथों में रैदास की रचनाओं को संकलित करने की रूढ़ि बन गई थी।

यह आश्चर्य की बात है कि जिस बनारस में रैदास पैदा हुए, जहाँ अपना अधिकांश समय बिताया, उस बनारस से जुड़े साधु-पंथों और संप्रदायों में जो भी पोथियाँ मिलती हैं उनमें रैदास पूरी तरह से अनुपस्थित हैं। रैदास जिस जाति या वर्ण-वर्ग के सदस्य हैं उसके अधिकांश धार्मिक लोग मुख्य रूप से संत शिवनारायण और आंशिक रूप से जगजीवन साहब, पल्टूदास, बावरी साहबा, संत कबीर, कीनाराम से संबद्ध हैं। तीस-चालीस वर्षों तक दलित या अन्त्यज कहे जाने वाले समाज में रैदास की कोई अपनी पकड़ नहीं थी। उत्तर प्रदेश और बिहार में प्रायः यही स्थिति रही है। रैदास को पंजाब, राजस्थान ने ही मुख्य रूप से सुरक्षित किया। शायद यह इसलिए हुआ कि बाह्याचार विरोधी पंथ और संप्रदाय, पंजाब, राजस्थान और महाराष्ट्र में कहीं-न-कहीं से अपनी पकड़ बनाए हुए थे। उत्तर प्रदेश और बिहार में तो गोस्वामी तुलसीदास के रामचरित मानस तथा कृष्ण से जुड़े हुए बिहारी जी के मंदिरों और ठाकुर-बाड़ियों का ही अधिक वर्चस्व रहा है। बैरागी या रामानंदी मठों में भी कबीर, 'रैदास', 'धन्ना' या 'पीपा' की तुलना में उत्तर प्रदेश और बिहार में तुलसीदास और उनमें रामचरित मानस तथा कृष्ण भक्ति से संबंधित पद अधिक लोकप्रिय हुए। रामलीलाओं और रासलीलाओं के कारण भी यह संभव हुआ होगा। होली या फाल्गुन-पर्व में एक महीने तक संत कबीर के नाम पर कबीरा और जोगीड़ा गाया जाता है। इससे ऐसा लगता है कि उत्तर प्रदेश और बिहार में संतों की तुलना में भक्तों का अधिक महत्त्व रहा है। संतों को भक्त कहना और भक्तों की रचनाओं का भी संतों की रचनाओं के साथ पाठ होते रहना बिहार और उत्तर प्रदेश में वर्णाश्रम व्यवस्था के सशक्त होने और जाति-संकीर्णता का भी प्रमाण हो सकता है।

रैदास की रचनाओं के संपादन के लिए प्रकाशित पोथियों और अनुसंधानपूर्ण पाठों की महत्ता को स्वीकार करते हुए अन्वेषण की आवश्यकता बनी हुई है। रैदास स्मारक सोसाइटी के लिए संगमरमर पत्थर पर रैदास की रचनाओं के संपादन का दायित्व जब

सामने आया तो मुझे हस्तलेखों की परीक्षा के लिए नये सिरे से लगना पड़ा। इस क्रम में मुख्य रूप से अनेक हस्तलेखों और उनमें उपलब्ध पाठों के तुलनात्मक व्यतिरेक और तमाम तरह की अन्वेषण-पद्धतियों में जाना पड़ा। इस क्रम में उपलब्ध रचनाओं में अनुलेखन शैली, पंक्ति-क्रम पर ही रचना की अनेक आवृत्तियाँ, एक ही रचना में अनेक रचनाओं का सम्मिश्रण, शब्द-भेद, पंक्ति-भेद जैसी अनेक समस्याएँ सामने आईं, लेकिन सभी हस्तलेखों में यह बात प्रायः लिखित और संकेतित रूप से सामने आई कि 'लिखत' को ही 'लिखत' के रूप में विकसित किया गया है। फिर क्या कारण है कि इतने पंक्तिभेद, रचना-मिश्रण और आवृत्ति-समस्याएँ हैं ? इसी तरह की समस्याओं से प्रेरित होकर पीतांबर दत्त बड़थ्वाल ने यह कल्पना की थी कि मध्यकालीन संतों की रचनाएँ जिस रूप में उपलब्ध होती हैं वह शायद मौखिक परंपरा से लिखित परंपरा में रूपांतरण के कारण है। प्रोफेसर विनांत कैल्वर्ट ने रैदास की रचनाओं को विभिन्न हस्तलेखों में देखते हुए यह बात मेरे सामने रखी थी कि रैदास ही नहीं, अनेक संतों की रचनाएँ मौखिक परंपरा से लिखित परंपरा में रूपांतरित हुई हैं। मैंने उनसे कहा था कि एक भी हस्तलेख ऐसा दिखाइए जिसमें ऐसा उल्लेख हो कि "जैसा सुना वैसा लिखा"—सब में तो यही लिखा है कि "जैसा देखा वैसा लिखा"। विनांत के पास कोई उत्तर नहीं था। वस्तुतः यह समस्या का सरलीकरण है। विभिन्न धर्म-संप्रदायों, संत संप्रदायों में, विश्वास, दर्शन और दूसरे संप्रदाय से भिन्न, स्वतंत्र, 'मूल' या 'आदि' होने की कामना के कारण रचनाओं के रूप में परिवर्तन होता रहा है। 'राम' और 'सत' को लेकर तो तमाम संत-संप्रदायों के सामने एक चुनौती-सी खड़ी हो गई थी। संत कबीर ने अलख, बीठल, निरंजन जैसे अपने पूर्ववर्ती नाथों, सिद्धों और संतों के द्वारा विकसित ईश्वरवाची शब्दों के स्थान पर 'राम' शब्द को मंत्र-महिमा से भूषित किया था और दशरथ सुत राम से भिन्न 'राम' के मर्म की बात कही थी। "दशरथ सुत तिहुँ लोकहिं जाना, राम नाम को मरम है आना"। लेकिन संत कबीर के बाद जब राम शब्द नाम (बानी) और अवतार नायक दशरथ-पुत्र राम (खानी) दोनों के लिए सिद्ध और प्रसिद्ध हो गया तब सत, सतनाम, निरंजन और इस तरह के अनेक शब्दों को ईश्वरवाची संज्ञा के रूप में स्थापित किया गया। जीव, ब्रह्म, प्रकृति के क्रम, अस्तित्व और वर्चस्व को लेकर भी, सहज योग, त्रिकुटी, ब्रह्मनाल, कायागढ़, सहस्रार, नीझर, अमृतश्रवण जैसे शब्दों की सहायता से विचार और दर्शन का एक प्रपंच खड़ा हुआ। इस प्रपंच की पुष्टि या सिद्धि के लिए संतों की रचनाओं में शब्द-परिवर्तन, पंक्ति-परिवर्तन, पंक्ति-निषेध, अनेक पदों का एक पद में समावेश अर्थात् पद-मंडन और पद-खंडन की प्रवृत्तियाँ विकसित हुईं। केवल रचनाओं के खास तरह के मंडन और खंडन से काम नहीं चला तो संपादन का विज्ञान विकसित हुआ। रचनाओं को विभिन्न ज्ञानकोटियों में वितरित करने के लिए अंगों की परिकल्पना हुई। कहीं 59 अंगों, कहीं 84 अंगों में रचनाओं को वितरित किया गया, कहीं यह संख्या अधिक बढ़ी। एक दादू-पंथी पोथी जो बाद में 'कबीर-ग्रंथावली' के नाम से प्रसिद्ध हुई उसमें साखियाँ 59 अंगों में वितरित हैं। रज्जब की सर्वगी में

144 अंग हैं। गोपालदास की सर्वगी में 126 अंग हैं। इसी तरह रचनाओं का संकलन करते समय पदों को विभिन्न रागों से जोड़ा गया। राग का समय, उसकी ऋतु, उसके गाने का आरोह-अवरोह, उसकी गूँज और संगीतार्थ रचना के अर्थ के साथ संबद्ध हुए। रचनाओं के अनेक प्रभाग भी बने, जैसे—साखी (दोहा नहीं), सबद (पद नहीं), रमैनी (दोहा-चौपाई नहीं), अष्टपदी (कोई छंद नहीं), सलोक (दोहा नहीं), इसके बाद विभिन्न रचनाओं के साथ कथाएँ और घटनाएँ भी संबद्ध हुईं। चमत्कार और सिद्धिफल जैसी चीजें कविता से संबद्ध हो गईं। इस पूरी प्रक्रिया को समझे बिना सरल ढंग से यह कह देना कि संतों की रचनाएँ पहले गाई जाती थीं, फिर सुन-सुनाकर जिसने जैसा सुना वैसा लिख लिया। यह वक्तव्य, पंथों के दर्शन और पोथी-विज्ञान की पूरी क्षमता को न जानने के कारण ही दिया जा सकता है। पंद्रहवीं शताब्दी से लेकर अठारहवीं शताब्दी के पूर्वार्द्ध तक ग्रंथ अर्थात् रचना-संपादन की विद्या का अद्भुत विकास हुआ था। उसके पीछे विचार और संगीत का जो शास्त्र था वह लिखित रूप में उपलब्ध नहीं है। लेकिन संपादित पोथियाँ या ग्रंथ इस बात के प्रमाण हैं कि इन्हें व्यवस्था देने में बहुत अधिक मनुष्य-बुद्धि का उपयोग हुआ है। इसका एक कारण और है। पंथों के विकास के साथ आचार्य, गुरु, महंत और संत को इतनी अधिक महिमा मिली कि वह ईश्वर के समान हो गया (गुरु गोविंद दोऊ खड़े काको लागूं पांय), इष्ट या देवत्व से भी उसे संबद्ध कर दिया गया। कई बार उसे अवतार, जिन, शाह, पीर इत्यादि की महिमा से भूषित किया गया। उसके बैठने की जगहों को सिद्ध-पीठ, चेतन-चौकी, साथ ही कंबल, आसन, सूफ, बेदी, गादी कहकर अनेक तरह की चमत्कार महिमाओं से संबद्ध किया गया। उसके वस्त्र को चोलना, गुदड़ी, चोल, चादर, कंबल, साथ ही इसी तरह से आभूषण को जंत्र, ताबीज, गंडा, माला, तसवीह कहकर चमत्कारों और विश्वासों से संबद्ध किया गया। टोपी, पगड़ी, टीका, छड़ी, लकुटी, चमटा, गुदड़ी—तमाम तरह की औपचारिकताएँ गुरु, महंत, आचार्य या संत से जोड़ दी गई हैं और इनसे जुड़ा हुआ एक अमूर्तवाद, तंत्र या अभिचार संबद्ध हो गया। इनके हाथ की दी हुई विभूति, राख, माटी, पानी, बोला हुआ शब्द, दी हुई गाली, मारा हुआ थप्पड़, फेंका हुआ कंकड़—तमाम चीजों से मनुष्य का कल्याण संबद्ध हो गया। इस पूरी प्रक्रिया को जाने बिना यह समझना कठिन है कि पद और सबद में क्या अंतर है, दोहा और साखी में कितना फर्क है, अक्षर और मंत्र में किस तरह से कोई उच्चारण रूपांतरित होता है, फिर यहीं यह बता देना जरूरी है कि इस जटिल गुरु-तंत्र से बचने के लिए संत संप्रदायों के भीतर ही विद्रोह शुरू हुआ और उन्होंने गुरु, पीर, इष्ट या चमत्कार सिद्धियों को अस्वीकार करते हुए यह निश्चय किया कि पुराने गुरुओं, संतों, पीरों की रचनाओं को इस तरह से संपादित किया जाय कि सारे संतों से जुड़े हुए रहस्य, पोथी या ग्रंथ में ही संबद्ध हो जाएँ, पोथी को गुरु-पद पर आसीन कर दिया जाय, आसन, चौरा या गादी, पीठ या वेदी को संप्रदाय के लिए अंतिम रूप से निश्चित कर दिया जाय, पोथी की ही अर्चना या पूजा की परंपरा बना दी जाय। आरती, व्यंजन, प्रसाद, सेवा को पुस्तक से ही संबद्ध कर दिया जाए और

यह तय कर दिया जाए कि अब पुस्तक में संग्रहीत गुरु, भक्त या सेवक या सिद्ध के बाद आगे जो लोग होंगे वे पोथीघर (गुरुद्वारा) के संरक्षक, ग्रंथी, पुजारी, महंत, सेवायत, मुजाबिर होंगे। सिखों का गुरुग्रंथ, राधास्वामी पंथ की 'जी हजूर पोथी', धर्मदासियों की 'हुजूर मणि आसनी', कबीर पंथियों का 'बीजक', प्राणनाथियों का 'कुलजम स्वरूप', वचनवंश वालों का 'पांजी पंथ प्रकाश', बावरी पंथ वालों की 'राम जहाज', शिवनारायणी पंथ का 'गुरु अन्यास,' अनेक पोथियाँ, गुरुपद पर आसीन हुईं। इन संप्रदायों में पोथी ही इष्ट है। उसकी ही आरती होती है, उसी का कीर्तन होता है, उसी का पंखा झला जाता है और उसी के लिए कड़ाह-प्रसाद बनते हैं।

इस सांप्रदायिक संश्लिष्टता को समझे बिना यह कहना कि मौखिक परंपरा से लिखित परंपरा में रूपांतरण होने के कारण पाठ भेद हुए हैं—बड़ा ही सुविधाजनक अनुमान है। इसीलिए रैदास की रचनाओं का संपादन करते हुए सावधानी बरतनी पड़ी। इस क्रम में इन हस्तलेखों के जो समूह बने उनके निम्नांकित वर्ग होंगे—

(क) दादू-पंथी पोथी वर्ग

(ख) गुरुग्रंथ वर्ग

(ग) पंचबानी से भिन्न संग्रह पोथी वर्ग

(घ) नाथ सिद्ध संप्रदाय से संबद्ध पोथी वर्ग

(ङ) विरल वर्ग जैसे सूर पद संग्रह, फतेहपुर हस्तलेख, करहा हस्तलेख, गुण गंजनामा

(च) सर्वंगी वर्ग जैसे रज्जब और गोपालदास और वाजिंद की सर्वंगी।

क : वर्ग : एक

नागरी प्रचारिणी सभा, वाराणसी के हस्तलेख

2424/1409 वर्ष 1771

2384/1406 वर्ष 1797

2420/1408 वर्ष 1836

2404/1404 वर्ष 1872

2331/1397 वर्ष 1900

इसके अतिरिक्त हस्तलेख संख्या 1377, 877, 1458, 2273

क वर्ग : दो

राजस्थान के हस्तलेख

(1) संतवाणी संग्रह, नाहटा कला भवन, बीकानेर

(2) पांडुलिपि 4, शांति आश्रम, बीकानेर

(3) पोथी 26637/21364—राजस्थान प्राच्य विद्या प्रतिष्ठान, जोधपुर

(4) पोथी 7432 तथा पोथी 148(11)—राजस्थानी शोध संस्थान, चौपासनी, जोधपुर।

(5) पोथी 722/2542–राजस्थान, प्राच्य विद्या प्रतिष्ठान, देवस्थान जयपुर।

(6) पोथी 2 (7) + 8 + 12 + 34 + 76 + 154 तथा पुरोहित नारायण शर्मा के इसी ग्रंथालय के ग्रंथ (7), + 2 (14) + 2 (4) + 2 (47) + 2 (12) + 74 (13) + 74 (14) + 73 (7) + 73 (7) + 147 (21)। दादू महाविद्यालय, जयपुर के ग्रंथ 2 (48) + 3 (101) + 4 (117) + 7 (206) + 4 (166) + 6 (171) + 9 (216) + 10 (244) + 11 (266) + 12 (271) + 14 (341) + 11 (17) + 16 (370) + 18 (386) + 19 (406) + 20 (421) + 16 (280) + 24 (490) + 27 (410) तथा ग्रंथ 41

ख : वर्ग के हस्तलेख–

इसके लिए 1893 ई. में मुंशी नवलकिशोर सी.आई.ई. के छापेखाने में छपे हस्तलेख की अक्षर-अक्षर अनुकृति को आधार बनाया गया। इसमें मुहल्लों और घर का क्रम है। पहला मुहल्ला गुरु नानकजी का, दूसरा गुरु अंगद जी का, तीसरा गुरु अमर दास जी का, चौथा गुरु रामदास जी का, पाँचवाँ गुरु अर्जुन जी का, छठा–गुरु हर गोविंद जी का, सातवाँ हरराम जी का, आठवाँ गुरु कृष्ण जी का, नवाँ गुरु तेग बहादुर जी का क्रम है। यह गुरुग्रंथ साहब का आदर्श क्रम है। शिरोरेखाएँ और पंक्ति व्यवस्था हस्तलेख के अनुसार है, लिपि देवनागरी है।

ग : वर्ग के हस्तलेख–

1686 नागरी प्रचारिणी सभा की हस्तलेख संख्या 1368, 1377, 1383, 1380, 1391, 1392, 1393, 1394, 2147, 2273, 2339

घ : वर्ग के हस्तलेख–

इस कोटि में पद-संग्रह आते हैं जिनमें नामदेव, कबीर और रैदास तो हैं, लेकिन दादू नहीं हैं। ऐसे पदों में राग-क्रम और पदों का क्रम सामान्यतः भिन्न है। कुछ संग्रह 'परचै राम रमै जे कोई' से शुरू होते हैं और कुछ 'अब मैं हार्‌यो रे भाई', कुछ में आरंभ में साखियां हैं, बाद में पद, कुछ में शुरू में 'ऐसी भगति न होई रे भाई' है। विनांत कैल्वर्ट ने इस दृष्टि से सिटी पैलेस के हस्तलेख 3322 सन् 1660 को बहुत महत्त्वपूर्ण माना है। मेरे संकलन में इस तरह के अनेक हस्तलेख चित्र हैं।

ङ : वर्ग के हस्तलेख–

(1) गुणगंजनामा, नागरी प्रचारिणी सभा, वाराणसी हस्तलेख–1458

(2) के.इ. विनांत कैल्वर्ट जयपुर सिटी पैलेस, हस्तलेख 1582 ईस्वी

(3) फतेहपुर हस्तलेख, समय 1582 ई. चित्राजी कुँवर के पढ़ने के लिए इसे तैयार कराया गया जो कछुआहा राजा नरहरिदास के पुत्र थे। इसमें कुल 441 पद हैं जिनमें

से पाँच पद रैदास के हैं। पहला पद रैदास जी का पहरा है। दूसरा 'देव देवा हम न पाप करंता', तीसरा 'माधव जानत हौ जैसी–तैसी', चौथा 'जो मुझ बेदन करि कैसे आखौ' और पाँचवाँ–'मेरी प्रीति गोपाल सों जिनि घटै हो' है।

च : वर्ग के हस्तलेख–

मेवाड़ उदयपुर की पोथी, मंसाराम के द्वारा लिखित तिथि, सवा से सताणवा संवत वैशाख वदी सप्तमी वार मंगलवार : सर्वंगी शहाबुद्दीन राकी के द्वारा संपादित सर्वंगी गोपालदास। विनांत कैल्वर्ट के द्वारा संपादित सन् 1993।

पाठ-संपादन

विभिन्न दादू पंथी पोथियों, पंचबानी संग्रहों, गुरुग्रंथ और विरल रूप से रैदास की रचनाएँ संग्रहीत करने वाली पोथियों की छान-बीन से यह स्पष्ट हो जाता है कि दादू-पंथ में रैदास के पदों को लिखने की परंपरा मुख्य थी और उन्हें प्रायः कबीर के बराबर ही महत्त्व प्राप्त था। रचनाओं के क्रम की दृष्टि से कहीं आरंभ में छह साखियाँ हैं और पहला पद 'परचै राम रमे जे होई' से प्रारंभ होता है। दूसरा क्रम 'ऐसी भगति न होइ रे भाई' से प्रारंभ होता है और अंत में साखियाँ हैं। यह क्रम भी अत्यंत लोकप्रिय है और हस्तलेखों में पाया जाता है। तीसरा क्रम सर्वंगी का है। गोपालदास और रज्जब दोनों की सर्वंगी का प्रथम पद 'ऐसी मेरी जाति बिख्यात चमांर' या 'जैसी मेरी जाति विख्यात चमांर' है। गुरु-ग्रंथ का प्रथम पद 'मृग मीन भ्रिंग पतंग कुंजर एक दोस विनास' से प्रारंभ होता है। सिटी पैलेस के 'सूर पद-संग्रह' में 'जो मुझ बेदन कह कैसे आखों' का क्रम है। इससे ऐसा लगता है कि रैदास के पदों के संग्रह के क्रम में किसी तरह की ग्रन्थ-नीति को सिद्धांत, धर्म और पोथी-विश्वास से नहीं संबद्ध किया गया था। लेकिन रचनाओं के संग्रह, पंक्ति-क्रम इत्यादि को देखने से ऐसा लगता है कि पंक्तियों के बदलने, आगे-पीछे करने, छोड़ने, दो-तीन पदों को एक पद में रूपांतरित करने की पद्धति के भीतर कोई नियामक सिद्धांत अवश्य था। जैसे 'परचै राम रमै जो होई' जैसा प्रसिद्ध प्रथम पद, जो तमाम हस्तलेखों में लोकप्रिय है, वह आदिग्रंथ में पहुँचते ही "बिनु देखे उपजे नहिं आसा, जो दीखे सो होइ विनासा। बरन सहित जो जापे नाम, सो जोगी केवल निहकामु" जैसी चार पंक्तियों से संबद्ध हो जाता है। इस पद की व्यवस्था में भी बहुत तोड़-फोड़ और परिवर्तन है। दूसरी पंक्ति पहली पंक्ति ही नहीं बनती, बल्कि पहली पंक्ति का पूर्व उत्तर और उत्तर पूर्व हो जाता है। यह स्थिति तमाम समूहों के पाठांतर का मिलान करने पर सामने आती है। इसलिए सारे हस्तलेखों की फोटो प्रतियों का मिलान करने पर प्रयोगावृत्ति के आधार पर कुछ प्रमुख हस्तलेखों का चयन किया गया। नागरी प्रचारिणी सभा, जयपुर, जोधपुर के छह हस्तलेखों के पाठांतर के लिए जब

चुना गया तब ऐसा लगा कि सत्रह सौ इकतालीस से लेकर उन्नीसवीं शताब्दी तक के हस्तलेखों में प्रायः 'जस का तस' लिखत को लिखत के रूप में संग्रहीत करने की परंपरा है। इन छह हस्तलेखों में क्रम संख्या 12, 2440, 74, 8432 और 2 में रचनाएँ, 'परचे राम रमै' से शुरू होती हैं लेकिन हस्तलेख संख्या 4112 में क्रम 'ऐसी भगति न होइ रे भाई' से प्रारंभ होता है। इसे इस प्रकार उद्धृत किया जा सकता है—

हस्तलेख सं.

12 परचै राम रमै जे कोई।
पारस परसै दुवध्या न होई ॥ टेक
2440 परचै राम रमै जे कोई।
पारस परसै दुविधा न होई ॥ टेक
74 परचै राम रमै जे कोई
पारस परसै दुविधि न होई ॥ टेक
8432 प्रचै राम रमै जे कोई ॥
पारस प्रसै दुधि न होई ॥ टेक
2 प्रचै राम रमै जे कोई ॥
पारस प्रसे न टु (द=) विधि होई ॥ टेक
12 जो दीखे सो सकल बिनास ॥
2440 जे दीसें सो सकल बिनास।
74 जो दीसैं सो सकल बिनास ॥
8432 जे दीसैं सो सकल बिनास ॥
2 जे दीसैं सो सकल बिनास ॥
12 अणदीठा नांही बिसवास
2440 अणदीठे नांही बिसवास
74 अणदीठे नांही बिसवास
8432 अणदीघे नांही बिसवास
2 अणदीठे नांही बिसवास
12 कर्म रहित कहै जो राम ॥
2440 वरन रहित कहै जे राम ॥
74 वरण रहित कहै जो राम ॥
8432 वरन रहत कहै जे राम ॥
2 वरण रहित कहै जे राम ॥
12 सो भगता केवल निहकाम ॥ 2 ॥
2440 सो भगता केवल निहकाम ॥ 1 ॥

74 सो भगता केवल निहकाम ॥ 1 ॥
8432 सो भगता केवल निहकाम ॥ 1 ॥
2 सो भगता केवल निहकाम ॥ 1 ॥
12 फल कारनि फूली वनराइ ॥
2440 फल कारणि फलै वनराइ ॥
74 फल कारिणि फूली वणराइ ॥
8432 फल कारणि फूलै वनराई ॥
12 उपज्यौ फल तब पहुप विलाइ ॥ 3 ॥
2440 उपज्यौ फल तब पहुप विलाइ ॥
74 उपज्यौ फल तब पहुप विलाइ ॥
8432 उपज्यौ ग्यांन तब करम नसाइ ॥ 2 ॥
2 उपजै फल तब पुहप विलाइ ॥
12 ग्यान कारणि विन कर्म कराइ ॥
2440 ग्यांन हि कारनि करम कमाइ ॥
74 गयानहिं कारणिं करम कराइ ॥
8432 बटक बीज़ कायाहु (ऊ =) आकार ॥ बटक बीज का यहु आकार।
2 ज्ञांनहि कारनि क्रम कमाइ ॥
12 उपज्यौ ग्यांन तब कर्म नसाइ ॥ 4 ॥
2440 उपज्यौ ग्यांन तब करम न साइ ॥ 2 ॥
74 उपज्यौ ग्यांन तब करम नसाइ ॥ 2 ॥
8432 पसरया तीनि लोक विस्तार ॥
2 उपजै ज्ञान तब क्रम नसाइ ॥ 2 ॥
12 बटक बीज़ जैसा आकार ॥
2440 बटक बीज़ जैसा आकार ॥
74 बटक बीज़ जैसा आकार ॥
8432 जहां का उपज्या तहां संमाइ ॥
2 बटक बीज़ जैसा आकार ॥
12 पसरयौ तीन लोक विस्तार ॥ 5 ॥
2440 पसरयौ तीनि लोक विसतार ॥
74 पसरयौ तीनि लोक विस्तार ॥
8432 सहज सुंनि मैं रह्या लुकाई ॥
2 पसरयौ तीनि लोक विसतार ॥
12 जहां का उपनां तहां विलाई ॥
2440 जहां का उपनां तहां समाई ॥
74 जहां का उपनां तहां समाई ॥

8432 जे मन बिदै सोई विद ॥
2 जहां का उपन्या तहां समाइ ॥
12 सहज सुनि मैं रह्यौ लुकाई ॥ 6 ॥
2440 सहज सुनि मैं रह्यौ लुकाइ ॥ 3 ॥
74 सहज सुना मैं रह्यौ लुकाई ॥ 3 ॥
8432 अमावस मैं दीसै चंद ॥
2 सहज सुनि मैं रह्यौ लुकाइ ॥ 3 ॥
12 जो मन व्यंदै सोई व्यंद ॥
2440 जे मन व्यंदै सोइ व्यंद ॥
74 जे मन व्यंदै सोई व्यंद ॥
8432 जल सै जैसें तूंवा तिरै ॥
2 जे मन बिदैं सोई बिंद ॥
12 अमावस मैं दीसै चंद ॥
2440 अमावस मैं दीसै चंद ॥
74 अमावस मैं जसै दीसै चंद ॥
8432 प्रचै प्यंड़ न जीवै मरै ॥ 4 ॥
2 अमावस मैं ज्यूं दीसै चंद ॥
12 जल मैं जैसें तूंवी तिरे ॥
2440 जल मैं जैसे तूंवी तिरे ॥
74 जल मैं जैसें तूंवी तिरै ॥
8432 सो मन कौंण जु मन कौपाइ ॥
2 जल मैं जैसें तूंबी तिरै ॥
12 परचै प्रांन जीबै नहीं मरै ॥
2440 परचै प्यंड जीबै नहीं मरै ॥ 4 ॥
74 परचै प्यंड जीबै नहीं मरै ॥ 4 ॥
8432 बिंन हारै मियलोक समाइ ॥
2 परचै जीवै नहीं मरै ॥ 4 ॥
12 सो मन कौन जु मन कू षाइ ॥
2440 सो मन कौंण जु मन कौ षाइ ॥
74 सो मन कौंण जु मन कूं षाइ ॥
8432 मन की महिमा सब को कहै ॥
2 सो मन कौंण जु मन कौं षाइ ॥
12 विन हारै त्रियलोक समाइ ॥
2440 बिन हारै त्रीलोक समाइ ॥
74 बिन हारै त्रीलोक समाइ ॥

8432 पंडित सो जे अनभे रहै ॥ 5 ॥
2 बिन हारे त्रीलोक समाइ ॥
12 मन की महिमा सब कोई कहै ॥
2440 मन की महिमा सब को कहै ॥
74 मन की महिमा सब को कहै ॥
8432 कहै रैदास यहु (ऊ = हु) परम वैराग।
2 मन की महिमा सब को कहै ॥
12 पंडित सो जो अनभै रहे ॥ 8 ॥
2440 पंडित सो जे अनभै रहे ॥ 5 ॥
74 पंडित सो जे अनभै रहै ॥ 5 ॥
8432 राम नाम करू न जपौ सभाग ॥
12 पंडित सो जे अनभै रहे ॥ 5 ॥
12 कहै रैदास यऊ परम बैराग ॥
74 कहै रैदास यहु परम बैराग ॥
8432 घ्रित कारनि दधि मथै सयांन ॥
2 कहै रैदास यहु प्रम वैराग ॥
12 राम नाम कि न जपहु अभाग ॥
2440 राम नाम कि न जपहु सभाग ॥
74 राम नाम कि न जपहु सभाग ॥
8432 जीवत मुकति सदा त्रिवाना ॥ 6 ॥
2 राम नाम किन जपहु सभाग ॥
12 न घ्रित कारणि दध मथै संयान ॥
2440 घृत कारनि दधि मथै संयान ॥
74 घ्रिहत कारणिं दधि मथै सयान ॥
8432 अब मैं हारयौ रे भाई ॥ 1 ॥
2 घ्रत कारनि दध मथै सयांन ॥
12 जीवत मुक्ति सदा न्रिवान ॥ 6 ॥
2440 जीवत मुकति सदा निरबांण ॥ 6 ॥
74 जीवत मुकति सदा निरवांन ॥ 6 ॥
8432 थकित भयौ सब हाल चालतै ॥
2 जीवत मुकति सदा निरवांन ॥ 6 ॥
12 अब मैं हारयौ रे भाई ॥ 1 ॥
2440 अब मैं हारयौ रे भाई
74 अब मैं हारयौ रे भाई ॥ 1 ॥
8432 लोगनि वेद बड़ाई ॥

2 अब मैं हारया रे भाई ॥ 1 ॥
12 चकित भयौ सब हाल-चाल थैं ॥
2440 चकित भयौ सब हाल-चाल थैं ॥
74 चकित भयौ सब हल-चाल थैं ॥
8432 चकित भयौ गांवण अरु नांचण ॥
2 चकित भया सब हाल-चाल थैं ॥
12 लोगनि वेद बड़ाई ॥
2440 लोकनि वेद बड़ाई ॥
74 लोकनि वेद बड़ाई ॥
8432 थाकी सेवा पूजा ॥
2 लोगनि वेद बड़ाई ॥ 2 ॥
12 थकीत भयौ गांइण अर नाचण ॥
2440 थकित भयौ गांयण अरु नाचण ॥
74 थकित भयौं गांइण अरु नांचण ॥
8432 कांम क्रोध तैं देह थकित भइ ॥
2 थकत भयौ गाइण अरु नांचण ॥
12 थाकी सेवा पूजा ॥
2440 थाकी सेवा पूजा ॥
74 थाकी सेवा पूजा ॥
8432 कहूं कहां दूंहजा ॥ 1 ॥
2 थाकी सेवा पूजा ॥
12 कांम क्रोध थैं देह थकितं भई ॥
2440 कांम क्रोध थैं देह थकित भई ॥
74 कांम क्रोध थैं देह थकित भई ॥
8432 रांम जन हूं ऊन भगत कहांऊं ॥
2 काम क्रोध थैं देह थकित भई ॥
12 कहं कहों लौ दूजा ॥ 1 ॥
2440 कहूं कहो लं दूजा ॥ 1 ॥
74 कहूं कहो लौं दूजा ॥ 1 ॥
8432 चरन पखरौं न देवा ॥
2 कहूं कहां ल दूजा ॥ 3 ॥
12 राम जणा हो उन भगत कहांउ ॥
2440 राम जन हो उन भगत कहांऊ ॥
74 राम जन हो ऊन भगत कहांऊ ॥
8432 जोई जोइ करौ उलटि मोहि बांधै ॥

2 रांम जन हो उन भगत कहांऊ ॥
12 चरन पषालूं न देवा
2440 चरन परवालूं न देवा ॥
74 चरन पषालौं न देवा ॥
8432 तातै निंकटि न भेवा ॥ 2 ॥
चरन पषांलूं न देना ॥
12 जोई जोई करुं उलटि मोहि बांधै ॥
2440 जोई होई करुं उलटि मोहि बांधै ॥
74 जोई जोई करुं उलटि मोहि बांधै ॥
8432 पहली ग्यांन का कीया चांदिणा ॥
2 जोई जोई करौं उलटि मोंहि बांधै ॥
12 तातैं निकटि न भेवा ॥ 2 ॥
2440 ताथैं निकटि न भेवा ॥ 2 ॥
74 ताथैं निकटि न भेवा ॥ 2 ॥
8432 पीछै दीया बुझाई ॥
2 ताथैं निकट न भेवा ॥ 4
12 पहली ग्यांन का कीया चांदिणा ॥
2440 पहली ग्यांन का कीया चांदिणा ॥
74 पहली ग्यांन का किया चांदिणा ॥
8432 सहज सुंनि मैं दोऊ त्यागे ॥
2 पहली ज्ञांन का कीया चांदिणा ॥
12 पीछै दिया बुझाई।
2440 पीछै दीया बुझाई ॥
74 पीछै दीया बुझाई ॥
8432 रांमा कहूं न खुदाई ॥ 3 ॥
2 पीछैं दीया बुझाई ॥
12 सुंनि सहज मैं दोउ त्यागी ॥
2440 सुंनि सहज मैं दोऊ त्यागे ॥
74 सुन्य सहज मैं दोऊ त्यागे ॥
8432 दूरि बसैं षट कर्म सकल अरु ॥
2 सुंनि सहज मैं दोऊ त्यागे ॥
12 राम कहुं न बुदाई ॥ 3 ॥
2440 राम कहूं न बुदाई ॥ 3 ॥
74 राम कहूं न बुदाई ॥ 3 ॥
8432 दूरेव कीन्हे सोइ ॥

2 राम कहूं न खुदाई ॥ 5 ॥
12 दूरि बसै षट क्रम सकल अरु ॥
2440 दूरि बसैं षट क्रम सकल अरु
74 दूरि बसै षट क्रंम सकल अरु ॥
8432 ग्यांन ध्यांन दोऊ दूरि कीन्हें ॥
2 दूरि बसै षट क्रम सकल अरु ॥
12 दूरि कीन्हें सेऊ ॥
2440 दूरिव कीन्हें तेऊ ॥
74 दूरिव कीन्हें सेऊ ॥
8432 दूरिव छाड़े तेई ॥ 4 ॥
2 दूरिव कीन्हें सेऊ ॥
12 ग्यांन ध्यान दोउ दूरि कीन्हें ॥
2440 ज्ञांन ध्यान दोऊ दूरि कीन्हें ॥
74 ग्यांन ध्यांन दोऊ दूरि कीन्हें ॥
8432 पंचूं थकित भए जहां तहां ॥
2 ज्ञान ध्यानं दोऊ दूरि कीन्हें ॥
12 दूरिव छाड़े तेऊ ॥ 4 ॥
2440 दूरिव छाड़े तेऊ ॥ 4 ॥
74 दरिव छाड़े तेऊ ॥ 4 ॥
8432 जहां तहां थिति पाई ॥
2 दूरिव तहां छाड़े तेऊ ॥ 6 ॥
12 पांचुं थकित भये जहां तहां ॥
2440 पंचूं थकित भए जहां तहां ॥
8432 जा कारनि मैं दोरयौ फिरतौ ॥
2 पंचूं थकत भये जहां तहां थिति पाई ॥
12 जहां तहां थिति पाई ॥
2440 जहां तहां थिति पाई ॥
74 जहां तहां थिति पाई ॥
8432 सो अब घट मैं पाई ॥ 5 ॥
2 जा कारनि मैं दौरयौ फिरतौ ॥
12 जा कारनि मैं दोरयौ फिरतौ ॥
2440 जा कारनि मैं दोरयौ फिरतौ ॥
74 जा कारनि मैं दौरयौ फिरतौ ॥
8432 पचूं मेरी सषी सहेली ॥
2 सो अवघट मैं पाई ॥

12 सो अवघट मैं पाई ॥ 5 ॥

2440 सो अवघट मैं पाई ॥ 5 ॥

74 सो अवघट मैं पाई ॥ 5 ॥

8432 तिंनि निधि दई दिषाई ॥

2 पंचूं मेरी सखी सहेली ॥

12 पंचौ मेरी सखी सहेली ॥

2440 पंचू मेरी सखी सहेली ॥

74 पचौं मेरी सखी सहेली ॥

8432 अब मंन फूलि भयौ जग महियां ॥

2 तिन निधि दई दिषाई ॥

12 तिन निधि दी दिषाई ॥

2440 तिनि निधि दई दिषाई ॥

74 तिनि निंधि दई दिषाई ॥

8432 उलटि आप मैं संमाई ॥ 6 ॥

2 अब मन फूलि भयौ जग महियां ॥

12 अब मन फूलि भयौ जग मांहि ॥

2440 अब मन फलिं भयौ जग महियां ॥

74 अब मन फूलि भयौ जग महियां ॥

8432 चलत चलत मेरो निज मन थाक्यौ ॥

2 उलटि आप मैं समाई ॥ 8 ॥

12 उलटि आप मैं समाई ॥ 6 ॥

2440 उलटि आप मैं समाई ॥ 6 ॥

74 उलटि आप मैं समाई ॥ 6 ॥

8432 अब सो पै चल्यौ न जाई ॥

2 चलत चलत मेरौ निज मन थाक्यौ

12 चलत चलत मेरौ मन थाक्यौ ॥

2440 चलत चलत मेरौ निज मन थाक्यौ ॥

74 चलत चलत मेरौ निज मन थाक्यौ ॥

8432 सोई सहजि मिल्या सोई सनमुंष ॥

2 अब सो पैं चल्या न जाई ॥

12 अब मो पैं चल्यौ न जाई ॥

2440 अब मो पैं चल्यौ न जाइ ॥

74 अब मो पैं चल्यौ न जाई ॥

8432 कहै रैदास वैभाई बड़ाई ॥

2 सोई सहज मिल्या सोई सनमुष ॥

12 सोई सहज भयौ ता देषत ॥
2440 सोई सहजि मिल्यौ सोई सनमुष ॥
74 सोई सहज मिल्यौ सोई सनमुष ॥
8432 गाई गाई अब का कहि गाऊं ॥ 2 ॥
2 कहै रैदास बताई ॥ 6 ॥
12 कहै रैदास बताई ॥
74 कहै रैदास बताई ॥
8432 गांवणांहारै कौं निकटि बताऊं ॥
गांवण हारै कौ का कहि
2 गाइ गाइ अब का कहि गांऊ ॥
12 तेरां जन काहे कूं बोलै ॥ 2 ॥
2440 तेरो जन काहे कौ बोलै ॥ 2 ॥
74 गाइ गाइ अब का कहि गांऊं ॥ 2 ॥
8432 जब लग हैं या तन की आसा ॥
2 गांवण हारा कौं निकटि बताऊं ॥ 10 ॥
12 वोलि वालि अपणी भगति बोलै ॥
2440 वोलि वोलि अपणी भगति बोलै ॥
74 गांवण हारा कूं निकटि बताऊं ॥
8432 तब लग पड़ै पुकारा ॥
2 जब लगहै या तन की आसा ॥
12 बोलत बोलत बठै वियाधी।
2440 वाल बोलतां बठै वियाधि ॥
74 जब लग गहै या तन की आसा ॥
8432 जब मन मिटयौ आस रही तन की ॥
2 तब लग करै पुकारा ॥
12 बोल अबोल जाई ॥
2440 बोल अबोलैं जाई ॥
74 तब लग करै पुकारा ॥
8432 तब को गांव रंग हारा ॥ 1 ॥
2 जब मन मिटयौ आस नहीं तन की ॥
12 बोलै बोल कूं पकड़ै (ड =)
2440 बोलै बोल बोल कं पकड़ै (ड =)
74 जब मन मिटयौ आस नहीं तन की ॥
8432 जब लगे नदी न संमदि समावैं ॥
2 तब को गावण हारा ॥

12 बोल बोल कूं वाइ ॥ 1 ॥
2440 बोल बोल कौं वाई ॥ 1 ॥
74 तब को गांवण द्वारा ॥ 1 ॥
8432 तब लग बाठै अहंकारा ॥
2 जब लग नदी न समँद समावै
12 बोलै ग्यांन मांन परिवोलै ॥
2440 बोलै ज्ञानं र बोलै ध्यांन ॥
74 जब लगे नदी न समंदि समावै ॥
8432 तब मन मिल्यौ राम सागर कौं ॥
2 तब लग वढै अहंकारा ॥
12 बोलै वेद बड़ाई ॥
2440 बोले वेद बड़ाई ॥
74 तब लग बढै अहंकारा ॥
8432 तब यहु मिटी पुकारा ॥ 2 ॥
2 जब मन मिल्यौ राम सागर कौं ॥
12 उरमि धरि धरि जबहि बोलै ॥
2440 उरमी धरि धरि जबही बोलै ॥
74 जब मन मिल्यौ राम सागर सौं।
8432 जब लग भगति मुकति की आसा।
2 तब यहु मिटी पुकारा ॥
12 तबहि मूल गंमाई ॥ 2 ॥
2440 तबही मल गंमाई ॥ 2 ॥
74 तब यहु मिटी पुकारा ॥ 2 ॥
8432 परम तत सुंणि गावै ॥
2 जब लग भगति मुकति की आसा ॥
12 बोलि बोलि और समुझावै ॥
2440 वोलि वोलि औरा समझावै ॥
74 जब लग भगति मुकति की आसा ॥
8432 जहां जहां आस धरत है यहु
2 परम तत सुंनि गावै ॥
12 तब लग समझि नहीं भाई ॥
2440 तब लग समझि नहीं रे भाई ॥
74 परम तत सुणिं गावै ॥
8432 तहां-तहां कछू न पावै ॥ 3 ॥
2 जहां जहां आस धरत है यहु मन ॥

12 बोलि बोलि समझी जब बूझी ॥
2440 बोलि बोलि समझि जब बूझी ॥
74 जहां-जहां आस धरत है यहु मन ॥
8432 छाड़े आसनि राम परम पंद ॥
2 तहां-तहां कछू न पावै ॥ 3 ॥
12 तब काल सहित सब षाई ॥ 3 ॥
2440 तब काल सहित सब ष्माई ॥ 3 ॥
74 तहां तहां कछू न पावै ॥ 3 ॥
8432 तब सुमुष सति करि होई ॥
2 बाझै आस निरास परम पद ॥
12 बोलै गुर अरु वोलै चेला ॥
2440 बोले गुर अर वोलै चेला ॥
74 छाड़े आस निरास परमं पद ॥
8432 कहै रैदास जासौं और कहत हैं ॥
2 तब सुष सति करि होई ॥
12 वोल वोल्या वोल की प्रमति जाइ ॥
2440 वोल वोल्या वोल की परमति जाई ॥
74 तब सुष सति करि होई ॥
8432 परम तत अब सोई ॥ 4 ॥
2 कहै रैदास जासौं और कहत है ॥
12 कहै रैदास थकित भयो जब।
2440 कहै रैदास थकित भयो जब ॥
74 कहै रैदास जासूं और कहत हैं ॥
8432 राम जन हूं न भगत कहाऊं ॥
2 परम तत अब सोई ॥ 4 ॥
12 तबहि परम निधिं पाई ॥ 4 ॥
2440 तबंहि परम निधि पाई ॥ 4 ॥
8432 सेवा करौं न दासा ॥
2 रामजन हुं उन भगति कहांऊ ॥ 3 ॥

कुछ प्रतिनिधि हस्तलेखों के तुलनात्मक पंक्ति-पाठ के विश्लेषण से यह स्पष्ट हो जाता है कि अधिकांश हस्तलेख किसी न किसी पूर्ववर्ती हस्तलेख को देखकर लिए गए हैं। लेकिन लिपिकार की इस प्रतिज्ञा के बावजूद कि 'जैसा देखा वैसा लिखा' इसका निर्वाह अक्षरक्षः, शब्दशः, पंक्तिशः और अनेक बार पूर्ण पद की पूर्ण अनुकृति के क्रम में नहीं है। इसका कारण यह है कि अक्षर, वर्तनी, शब्द, पंक्ति और पद के निश्चित अनुशासन के विषय में लिपिकारों को न निर्देश दिया जाता था, न उनका ऐसा कोई

अभ्यास ही होता था। सुंदर कलात्मक लिखने की योग्यता के आधार पर ही लिपिकार का मूल्यांकन होता था। एक तरह से पुस्तक-लेखन या लिपिकार-कर्म पेशे के रूप में विकसित हो चुका था। साधु, महंत और राजा तथा सामंत या तो अग्रिम आदेश देकर लिखवाते थे या लिपिकार स्वयं प्रसिद्ध हस्तलेखों को लिखा करता था और मूल्य मिलने पर संत, महंत या राजा सेठ के आदेश पर प्रायः उसी स्याही, उसी कलम, खत और अक्षर के भीतर, उसकी पुष्पिका तैयार करके हस्तलेख का मूल्य ले लिया करता था। कई बार आश्रमों के साधु-संत भी लेखन कला में अपने को विकसित कर लेते थे और संत महंत के आदेश पर लिखने का कार्य करते थे। वे आजकल के प्रेस के कंपोजिटरों की तरह होते थे, लेकिन भूल-चूक को संशोधित करने का कोई उपाय नहीं था। वे विनयपूर्वक कह देते थे कि 'टूटल अच्छर लेब सब जोरी' अर्थात् त्रुटिशोधन की आशा पाठक से की जाती थी। स्पष्ट रूप से कई हस्तलेखों में 'भूलचूक माफ' लिखा हुआ है। इसीलिए परिचै का प्रचे, परसै का प्रसे, जो का जे, बिनास का विणास, अणदीठा का अणदीठै, दुविध्या का दुविध-दुविधि जैसे सैकड़ों शब्द वर्तनी से संबंधित अंतर या भेद पाए जाते हैं। पंक्तियों में भी 'कर्म रहित कहै जो राम', 'बरन रहित कहै जो राम', 'बरन रहत कहे जो राम' जैसे शब्द-भेद और अभिप्राय-भेद की भी पंक्तियाँ मिलती हैं। इसी प्रकार 'फल कारण फूली बनराइ' का 'फैल कारन कर्म कराई' अथवा 'ग्यानं करनि बिन कर्म कराई', 'ग्यानहिं कारन करम कमाई' जैसे शताधिक पंक्ति-भेदों के उदाहरण से यह स्पष्ट हो जाता है कि लिपिकार अर्थ और अभिप्राय की अपनी समझ के हिसाब से शब्दों या पंक्तियों को बदल लिया करते थे।

सबसे अधिक महत्त्वपूर्ण पाठांतर समस्या पदस्वरूप से संबंधित है। एक ही पद की कुछ पंक्तियाँ, अन्य पद, कुछ अन्यान्य पदों में जाकर स्वतंत्र पद का रूप ले लेती हैं। पदों की पंक्तियों का 1, 2, 3, 4, 5 का क्रम 2, 3, 7, 8, या 6, 5, 4 या 1, 11, 3 कुछ भी करके स्वतंत्र पद बनाने में रैदास के संग्रहकर्त्ताओं ने छूट ली हैं। इसका कारण सांप्रदायिक भी हो सकता है। अंगबंधों के कारण भी पंक्तियों का रखना और निकाला जाना संभव हुआ होगा। जैसे 'पारख' और 'अपारख' जैसे अंगों का वर्गीकरण कर जब विभिन्न संतों की रचनाएँ एकत्र की जाती थीं तो जीववाद और ब्रह्मवाद की समस्या के कारण पंक्ति-परिवर्तन, पंक्ति का निष्कासन, पद का विरूपण या सुरूपण संभव होता था। पारख-सिद्धांत के भीतर जीव ही अंतिम सत्ता है, उसी के प्रयास से प्रकृति है और उसी के अभ्यास से ब्रह्म, इसलिए यदि कोई रचना जीववाद की सीमाओं का अतिक्रमण करते हुए ब्रह्मवाद की पुष्टि करने लगती थी तो उसका रूप बदल दिया जाता था। साधुकारक और असाधुकारक के हिसाब से भी परिवर्तन होते थे। गुरु, कसौटी, सुमिरण, नाम प्रताप, मर्म बिधौषण, भेष, पातिव्रत्य, प्रेम-वियोग, समदृष्टि के वैचारिक और सांप्रदायिक अनुशासनों के कारण रचनाओं का ग्रहण, विखंडन, संग्रहण, तोड़-मोड़ जैसी ग्रंथि-क्रियाएँ घटित होती थीं।

रागों के भीतर भी रचनाओं का ग्रंथन होता था। यदि किसी पद की पंक्ति प्रातः जागरण

के अनुकूल नहीं होती थी तो भैरव राग के अंदर बँधे हुए इस पद की वैसी पंक्तियाँ निकाल दी जाती थीं। इस तरह विहाग राग में गायन, सुसुप्ति, विश्राम का अर्थ न देने वाली पंक्तियों का अन्यत्र न्यास कर दिया जाता था। साधारणतः भैरव, रामकली, गौड़ी, सिरी, गूजरी, आशा, मलार, सोरठी, केदारा, सूही, मारु, घनाश्री, जैतश्री, असावरी, बिलावल, गौण, नट नारायण, बसंत, रामाग्री जैसी रागिनियों में रैदास की रचनाओं का ग्रंथन हुआ है। इन रागों के कारण ऋतु, लय इत्यादि के प्रभाव की दृष्टि से यदि किसी रचना में कोई पंक्ति अन्यथा हुई है तो उसे अन्यत्र किया गया है। इसी क्रम में यह कह देना आवश्यक है कि तमाम संतों की और रैदास की भी रचनाएँ छंदों के अर्थ को अतिक्रमित करते हुए काव्य रूपों में ग्रंथित होती थीं। यह बताया जा चुका है कि साखी, सबद, पद, रमैनी के अपने विषय संबंधी अनुशासन और सांप्रदायिक अभिप्रेत होते थे। इनके कारण पाठांतर हुए हैं। उदाहरण के लिए 'आदि ग्रंथ' में भैरवी के दबाव के कारण 'परचै राम रमै' नामक पद पर चार पंक्तियाँ चढ़ गई हैं। इसी तरह 'पढ़िये गुनिये नाम सब सुनिये, अनभौ भाव दरसे' से जुड़े आदिग्रंथ के पद का यहाँ-वहाँ से पूरा रूपांतर ही ले लिया गया है। रूपांतरित पद में नारायण की जगह पर कृष्ण आ गए हैं। 'कान्हा हो जग जीवन मोरा' नाम से प्रसिद्ध पद आदि ग्रंथ में पंक्ति-क्रम और विन्यास में रूपांतरित है।

कान्हा हो जगजीवन मोरा।
तूं न सिरिया राम मैं जन तोरा ॥
संकटु सोच सोच दिन राती कर्म कठिन मेरी जाति कुमांति।
हरउ भावै करउ कुभाष, चरनन छोंड जाइ कुभाव।
कहै रैदास कछु देउ अवलंबन बेगि मिलौ जिनि करउ विलंबन।

पाठांतर

मेरी संगति पोच सोच दिनु राती।
मेरा करमु कुटिलता जनम कुमांती ॥
राम गुसइयाँ जीऊ के जीवना।
मोहि न बिसारहु मैं जनु तेरा। रहाउ ॥
मेरी हरहु बिपति जन करहु सुभाई।
चरण न छाडउ सरीर कल जाई ॥
कहु रविदास परउ तेरी साया।
बेगि मिलहु जन करि न विलांबा ॥

स्पष्ट ही यह अंतर किसी अज्ञान के कारण नहीं है, बल्कि नियोजित है। आदिग्रंथ के पद में कान्हा की अनुपस्थिति अर्थ रखती है। आदिग्रंथ का पद 'सतजुग सतत्रेता

जगी दुआपर पूजाचार' पूरा पद, पंक्तिक्रम, पंक्ति संख्या की दृष्टि से 'मरम कैसे पाइबो' नामक पद का रूपांतर है। गुरु-ग्रंथ से भिन्न अनेक हस्तलेखों में सतजुग सतत्रेता वाली पंक्ति अंत में है, जबकि गुरु-ग्रंथ में आरंभ में है। संभवतः राग गौड़ी की विधि में नियोजन के कारण ऐसा हुआ। इसी प्रकार 'देवा हम न पाप करंता' नामक पद गुरु-ग्रंथ में इस पद की तीसरी पंक्ति 'तोरि मोरी मोहि तोहि अंतर कैसा' से प्रारंभ होता है। रैदास का अत्यंत प्रसिद्ध पद 'अब हम खूब वतन घर पाया' गुरु-ग्रंथ में इस पद की दूसरी पंक्ति 'बेगमपुरा शहर को नांव' से शुरू होता है। इस पद पर निश्चित रूप से सूफी इलहाम का असर है जिसे संत संप्रदायों में दूसरे ढंग से और सिख-संप्रदाय में दूसरे ढंग से लिया गया। 'रामाहिं पूजा कहां चढ़ाऊँ' गुरु-ग्रंथ में इस पद की दूसरी पंक्ति से क्रम भेद के साथ प्रस्तुत है। 'तुझ चरन, अरबिंद भँवर मन' पंक्ति से प्रारंभ होने वाला दादूपंथी पोथियों का पद 'कहा भयो जो तन भयो छिन छीने' से शुरू होता है। 'माधो संगति सरन तिहारी' पंक्ति से प्रारंभ होने वाला पद आदि ग्रंथ में 'तुम चन्दन हम अरण्ड बापुरो' से शुरू होता है। 'माधव अविद्या हित कीन्ह' नामक पद भ्रिंग मीन भृंग पतंग' ऐसी मेरी जाति विख्यात चमारं भी थोड़े परिवर्तन के साथ 'राम राय का कहिये जैसी' भी भिन्न रूप में मिलता है अर्थात् गुरु-ग्रंथ में अवश्य बदलता है। 'क्या तू सोवे जाग दीवाना' पंक्ति से शुरू से होने वाला प्रसिद्ध 13 पंक्तियों का पद गुरु-ग्रंथ में सात पंक्तियों के पद के रूप में रूपांतरित हो जाता है। छह-छह पंक्तियों की अनुपस्थिति, क्रम-परिवर्तन शायद इस बात के प्रमाण हैं कि सिख धर्माचार और दादू धर्माचार में कहीं-न-कहीं अंतर है जिसका प्रभाव ग्रंथ-ग्रंथन पर पड़ा है। 'जो मोहि बेदन कासनि आखौं' मारू राग में ग्रंथित होने के कारण गुरु-ग्रंथ में काफी बदला है। पाँच साखियों के अनुबंध में लिखा हुआ रैदास का पद गुरु-ग्रंथ में चार साखियों का पद बन जाता है। 'हरि को टोडो लावे जाइ रे' से जुड़ी इस पूरी साखी गुरु-ग्रंथ में छूट जाती है। 'मेरी प्रीति गोपाल सों, कौन भगति ते रह्यो प्यारो' जैसे पद भी गुरु-ग्रंथ में परिवर्तित है। 'केवल रूप परियो जैसे दादिरा', 'संत तुही तन संगति' 'माटी को पुतरा कैसे नचतु है, दुर्लभ जनमुफल पाइयो', 'प्रान सुन सागर सुर तरु चिन्तामणि', 'जंल की मीति पवन का खंभा', 'चमरटा गांठ न जानइ', 'नाम तेरो आरती', 'ऊंचे मन्दर साल रसोई', 'सारिद देखि भँवरो हंसै' जिहि थल साधु बैसनो होई, मुकंद-मुकंद जपहु संसार, 'देवहु अड़सठ तीरथ नावै', 'ऐसी लाल तुझ बिनु कौन रहै', 'तुमहिं सूझता कुछ नाहिं' और 'हरि जपत तेउ जना'।

पाठांतर, पदनिरूपण, कई पदों की सहायता से एक पद की रचना, एक पद की पंक्तियों का कई पदों में निर्गमन, रैदास की रचनाओं के ग्रंथन की नियति हैं। हो सकता है कि वे स्वयं नये पदों की रचना करते समय कई पुराने पदों की पंक्तियों को फिर से जोड़ देते रहे हों, अथवा उनके अनुयायी और भगत, शिष्य और जमाती महत्त्वपूर्ण पंक्तियों को नये पदों में बार-बार जोड़कर उसकी आवृत्ति करते रहे हों। यहाँ यह स्पष्ट करना जरूरी है कि प्रो. विनांत कैल्वर्ट और मेरे प्रिय छात्र पीटर फ्राइलैण्डर की यह

स्थापना निराधार है कि रैदास के पद मौखिक परंपरा से लिखित परंपरा में रूपांतरित हुए हैं। महत्त्वपूर्ण संतों में रैदास ही एक ऐसे संत हैं जो पोथी के कवि हैं। मौखिक परंपरा में कबीरपंथी, जोगी, मंगता, साई, निर्गुणियों, भगत, शिवनारायणी—कोई भी यायावर, साधुचर्या जीवी, रैदास के पदों को नहीं गाता। सेन की 'कबीर रैदास-गोष्ठी' अकसर शिवनारायणी पंथ के नारदी गाने वाले कभी-कभी गाते रहे हैं। भक्तों के बीच उनका एक पद 'प्रभुजी तुम चन्दन हम पानी' मौखिक परंपरा तक जरूर पहुँचा, लेकिन कबीर, सूर, तुलसी, बुल्लेशाह, कीनाराम और शिवनारायण की तरह रैदास की रचनाओं की मौखिक परंपरा बनी ही नहीं। वे बराबर पंथ-पोथियों में नामदेव और कबीर के साथ तीसरे महत्त्वपूर्ण संत, साधु और कवि के रूप में संग्रहीत हुए। रैदास जी का जीवन, कबीर से उनकी मित्रता, कबीर से उनका सैद्धांतिक संवाद, कबीर की तितिक्षा के ठीक विपरीत साठ चंदोवे ताने हुए, ब्राह्मण वैदिकों को विकल करने वाला उनका आश्रम, चित्तौड़ की रानी से संबंधित उनका गुरुपद, उनकी सदेहमुक्ति या संदेहमुक्ति उन्हें एक बड़े संत, कवि के रूप में स्थापित करती हैं।

उनकी रचनाओं का संपादन करते समय अक्षर-भ्रम, शब्दांतर, पंक्ति-परिवर्तन, पंक्तियों का निरूपण, क्रम-भंग, एक ही पद की कई आकृतियाँ—इतनी अधिक विविधतापूर्ण हैं कि उनका आँकड़ा तैयार करने में व्यर्थ के हजारों पृष्ठ व्यय हो जाएँगे। हस्तलेखों में मुख्य रूप से 'परचै राम रमै जे होई' से प्रारंभ होने वाले हस्तलेख और 'ऐसी भगति न होई रे भाई' से प्रारंभ होने वाले हस्तलेख तुलनात्मक पाठालोचन के लिए मुख्य आधार बनते हैं। इसके बाद पाठालोचन के लिए दूसरा आधार रज्जबदास की 'सर्वंगी' तथा गोपालदास की 'सर्वंगी' का बनता है। तीसरे आधार के रूप में गुरु-ग्रंथ में उपलब्ध उनकी रचनाएँ हैं। चौथा आधार सिटी पैलेस जयपुर की 'सूर पद संग्रह' पोथी और फतेहपुर हस्तलेख की पोथी का बनता है जिनमें क्रमशः चार और पाँच रचनाएँ उपलब्ध हैं। इन सारी रचनाओं से पाठ मिलाते हुए उपलब्धि संबंधी आवृत्ति, अर्थ की संगति, पद और पदार्थ संबंधी अनुशासन, भणिता, रैदास की व्यक्ति बोली-वृत्ति (आइडियोलेक्ट) को ध्यान में रखकर संपादन की जटिल प्रक्रिया से गुजरना पड़ा। पाँच-छह बार टाइप की हुई पांडुलिपि को संशोधन की आवश्यकताओं के अनुरूप बदला गया। यह पूरी पुस्तक 'रैदास स्मारक सोसायटी' के द्वारा निर्माणाधीन रैदास मंदिर की दीवारों पर पत्थर पर लिखी गई। इसी बीच लंदन के पीटर फ्राइलैंडर और अमेरिका के जोजेफ सोलर ने रैदास पर मेरे साथ कार्य किया, जिससे हस्तलेखों की पुनर्परीक्षा, संपादन का पुनर्संपादन होता रहा।

सारी जाँच-परख के रूप में अत्यंत आवश्यक पाठांतर ही दिए गए, जिनसे अर्थ संबंधी द्वंद्व पर विचार किया जा सके। केवल यह प्रदर्शन करने के लिए कि एक ही शब्द के पंद्रह या सोलह रूपांतर या 86 विकल्प हस्तलेखों में प्रयुक्त हैं, व्यर्थ समझा गया। प्रायः सभी पद रचनाओं को पूर्ण पद मानकर अंतिम रूप से स्वीकार किया गया। इस क्रम में महाराष्ट्र से मराठी अनुवाद के साथ प्रकाशित 'रोहिदास' पुस्तक से भी

सहायता ली गई। इस छान-बीन के क्रम में रैदास की एक सर्वथा अज्ञात साखी जगन्नाथ की गुणगंजनामा में मिली—'हरि हरि कहै हारै नहीं'...। इसी तरह वितांत कैल्वर्ट और पीटर फ्राइलैंडर के संपादन में उपलब्ध पद संख्या 78 को पढ़ते समय ऐसा लगा कि पाँच साखियों को साखियों से भी संबद्ध कर दिया गया है। साखियों की संख्या बारह हुई। पदों की संख्या प्रायः दो सौ है। इन्हीं पदों में रैदास का 'हरिजस' और 'पहरा' नामक प्रसिद्ध पद भी हैं।

रैदास के नाम से 'प्रहलाद चरित' भी मिलता है। 'प्रहलाद-चरित' अनेक लोगों ने लिखे। जन गोपाल का 'प्रहलाद-चरित्र' अत्यंत प्रसिद्ध है जिसका संपादन और अंग्रेजी अनुवाद भारत और मैक्सिको में रहकर मैंने डेविड लारेन्जन के साथ किया। वह प्रकाशित है। अनुवाद के समय मैंने डेविड का ध्यान रैदास के 'प्रहलाद-चरित्र' की ओर आकृष्ट किया था और डेविड को ऐसा लगा था कि रैदास जिस क्रांतिकारी दलित समाज से आए थे, उन्होंने आदि भक्त प्रहलाद पर अवश्य लिखा होगा। क्योंकि प्रहलाद पहले असुर हैं जो अपनी गृह-व्यवस्था से विरोध करते हैं और विष्णु के महत्त्व की स्थापना करते हैं। संभवतः दुर्गा भी ऐसी ही असुर देवी हैं जिन्होंने महिषासुर जैसे नायक का वध कर महिषधारी शिव को नन्दी नायक बनाया था। इस क्रम में विभीषण, यक्ष मुख्य थे। वे कुबेर के अनुज रावण का विरोध करते हैं। हरिकेश यक्ष पूजन और यक्ष-लास्य का विरोध कर शिवपूजन की स्थापना करता है। लक्ष्मी के साथ कुबेर या विष्णु का पूजित न होकर गणेश का पूजित होना भी सांस्कृतिक परिवर्तन का ही सूचक है। रैदास प्रहलाद की स्मृति के साथ भारतीय संस्कृति के आदिम विद्रोहियों की पंक्ति में आते हैं। डेविड को राजस्थान के प्राच्य विद्या संस्थान से 1882 नंबर के बस्ते से 69-70 नंबर की एक ऐसी पोथी मिली जिसमें प्रहलाद-चरित्र का प्राचीनतम रूप उपलब्ध है। विनांत कैल्वर्ट और पीटर फ्राइलैंडर को भी प्रहलाद-चरित्र उपलब्ध हुआ था, जिसे उन लोगों ने अपनी पुस्तक में पद संख्या 91 के रूप में अंकित किया है। डेविड के पाठ में 63 पंक्तियाँ हैं। विनांत कैल्वर्ट और पीटर के पाठ में 51 पंक्तियाँ हैं। स्वामी रामानन्द की प्रकाशित पोथी में 69 पंक्तियाँ हैं।

निर्धारित पाठ

(क) कुल एक सौ तिरानबे पद पाठांतर सहित।
(ख) चौदह साखियाँ
(ग) प्रहलाद चरित्र—63 पंक्तियाँ

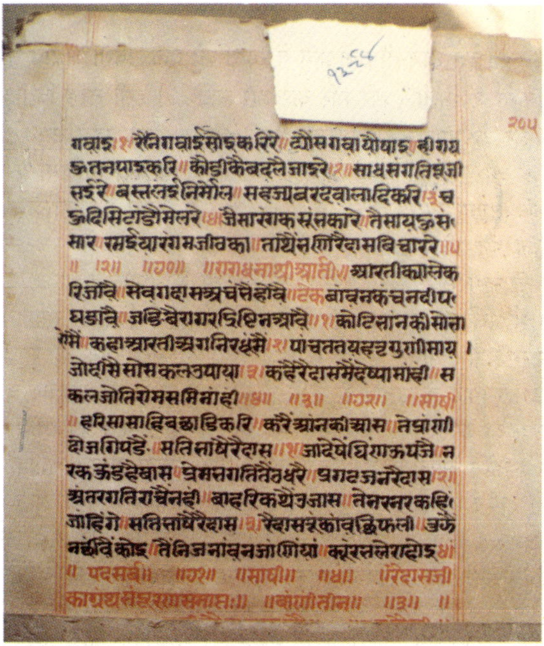

पद संख्या 15

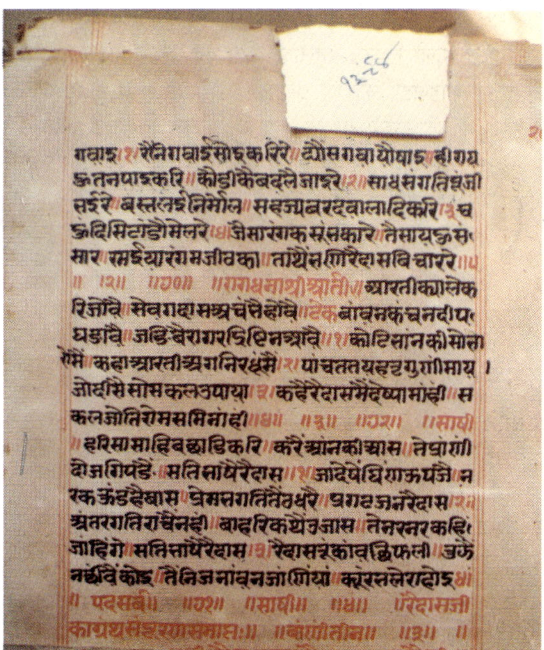

पद संख्या 15

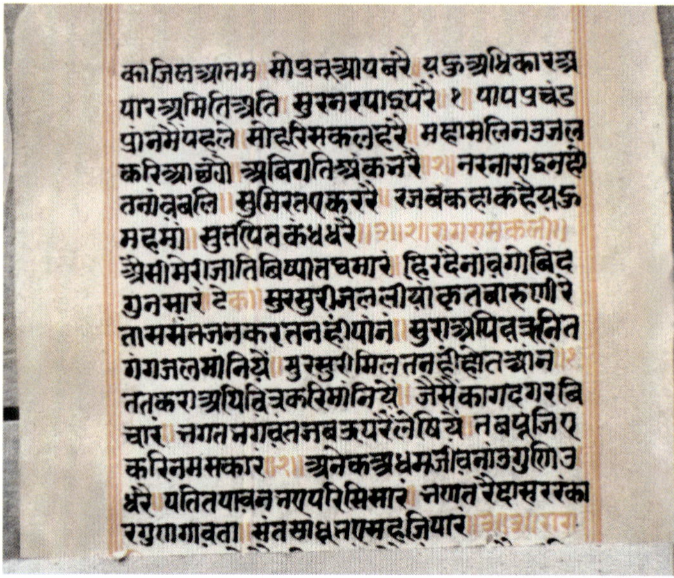

पद संख्या 20

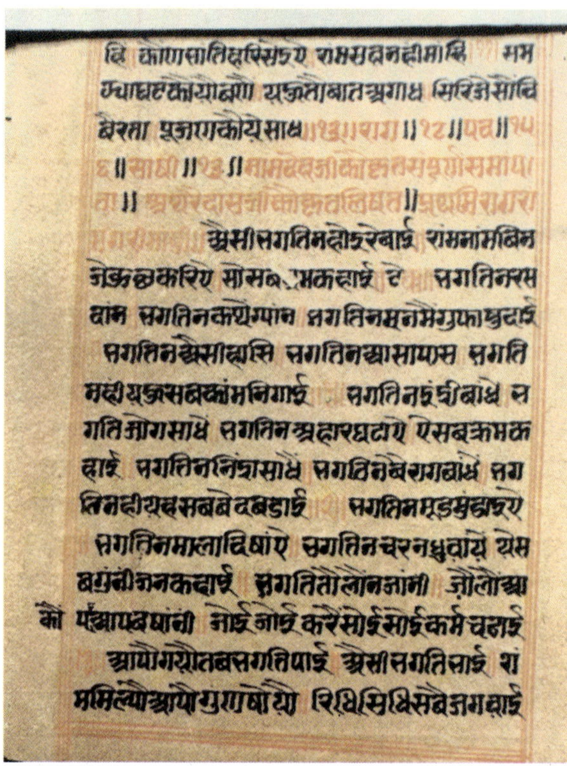

पद संख्या 21

पद संख्या 80

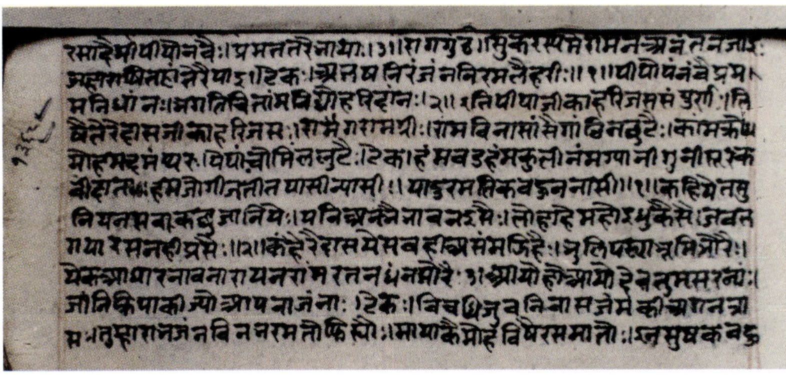

पद संख्या 100 (हरिजस)

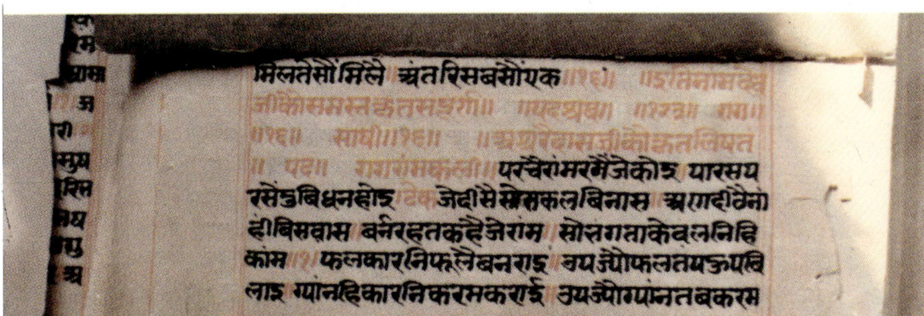

पद संख्या 113

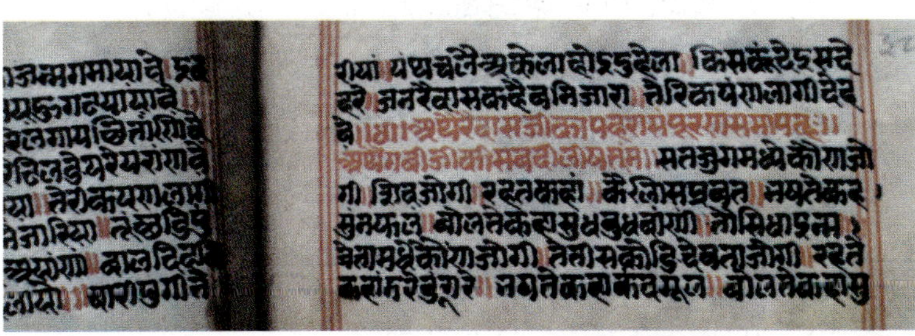

पद संख्या 115 (पहरा)

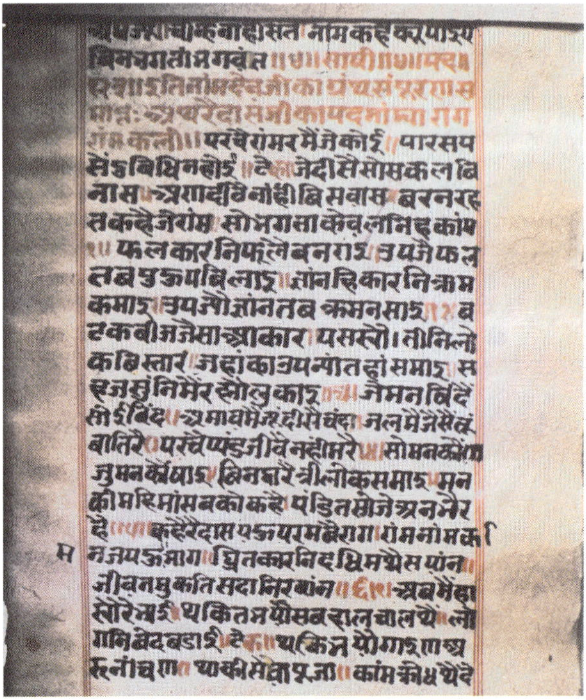

पद संख्या 133

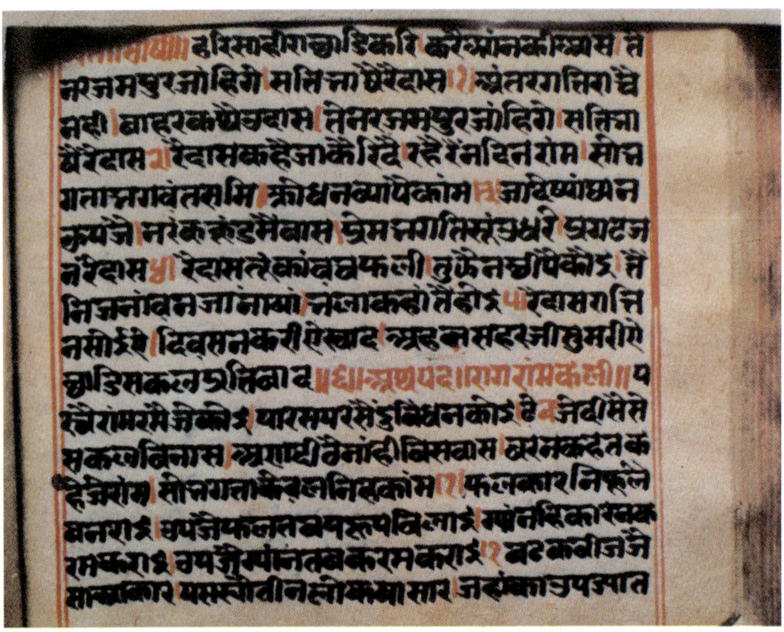

साखी

रैदास बानी

खण्ड 1

(एक सौ तिरानबे पद)

॥ 1 ॥

अखिल खिले[1] नहिं का कहि पंडित, कोई न कहै समुझाई।
अबरन बरन रूप नहिं जाके[2], कहं लौं जाइ समाई॥
चदं-सूर नहिं, राति-दिवस नहिं, धरनि अकास न भाई।
'करम-अकरम नहिं, सुभ-असुभ नहिं, का कहि देहु बड़ाई॥
सीत न उस्न[3] न बाउ नहिं सरवत, काम कुटिल नहिं होई।
जोग न भोग, रोग[4] नहिं जाके, कहौं राम[5] सत सोई॥
निरंजन, निराकार, निरलेपी, निरविकार निसासी[6]।
काम कुटिल नहिं होई[7] हर-हर आवै हांसी॥
गगन धूर-धूप नहिं जाके, पवन पूर नहिं पानी।
गुन निरगुन[8] कहियत नहिं जाके, कहौ तुम[9] बात सयानी॥
याही सों तुम जोग कहत हौ, जब लग आस की पासी[10]।
छूटे[11] तबहीं जब मिलै एक हीं, भनै रैदास उदासी॥

1. पंडित अखिल खिलै, 2. सो, 3. उष्णा नहिं सरवत, उष्ण नहिं सरवत, 4. किया नहिं जाके, 5. नांव, 6. निरस्वासी, निरासी 7. कुटिलता ही करि, कुटिल ताही कहि, 8. निर्गुन, विगुन, 9. कहौं तो बात सयानी, 10. फांसी, 11. निरगुन ब्रह्म निरास भजौ किन।

॥ 2 ॥

अब[1] मेरी[2] बूड़ी[3] रे भाई, तातैं[4] चढ़े लोक बड़ाई।
अति अहंकार उर मांही[5] , सत-रज-तम तामे रह्यौं अरुझाई।
करमन[6] बझि[7] पर्‍यो, नहिं सूझे, स्वामी नांव भुलाई[8]।
हम मानौं गुनि जोग, सुनि जुगता महामूरख[9] रे भाई॥
हम मानौं सूर सकल विधि[10] त्यागी, ममता[11] नहीं मिटाई।
मानो अखिल सुन्न मन सोध्यो, सब चेतनि सुधि पाई॥
ग्यांन ध्यांन सबही हम जानौ, बूझौं कौन सौं जाई।
हम जानौ[12] प्रेम, प्रेम रस जांनौ, नौ विधि भगति कराई॥
स्वांग देखि सबही जब डहक्यो[13] आपन पौरि बधाई।
यह तौ स्वांग सांच नहिं जानै[14] लोगनि यह भरमाई॥
स्वयं रूप भेखी[15] जब पहरी, बोलि तब सुधि आई[16]।
ऐसी भगति हमारी संतों, प्रभुतो इहै बड़ाई॥
आपन अनत और नहिं मानत, तातें मूल गंवाई।
भनै[17] रैदास उदास ताहिं ते, अब कछु मो पै कर्‍यों न जाई॥
आपा खोए भगति होत है, तब रहै अंतरि उरझाई।

---

1. ताथैं, 2. मोरी, 3. बूढी, 4. ताथैं, 5. उर मंह, उर में, 6. क्रम, कर्मन, करम बस पर्‍यों कछू न सूझे, 7. बूझि, बस, 8. झुलाई, 9. महापुरुष, 10. विष, 11. ममिता, 12. मानौं, 13. लखयौ, फिर, 14. स्वच्छ रूप सेली, सुवांग पहरि हम सांच न जान्यूं, 15. अब कछू करनि न जाई, 16. पाई, 17. मणै, मनै।

॥ 3 ॥

अब मैं हार्‌यो रे भाई।
थकित भयो सब हाल चाल तें, लोक[1] न वेद बड़ाई॥
थकित भयो गायन अरु नाचन, थाकी सेवा पूजा।
काम-क्रोध तैं देह थकित भई, कहौं कहां लौं[2] दूजा॥
राम जन होऊँ, नहिं भगत कहाऊँ, चरन पखारूं[3] न देवा।
जोइ-जोइ करौं उलटि मोहिं बांधै, तातैं निकट न भेवा[4]॥
पहिले ग्यांन का किया चांदना, पाछै दीया बुझाई।
सुन्न सहज मैं[5] दोऊ त्यागै, रांम न कहौ खुदाई॥
दूरि बसै खटकरम[6] सकल अरु, दूरिउ कीन्हे सेऊ।
ग्यांन-ध्यान दूरि दोउ कीन्हें, दूरिउ छाड़े तेऊ।
पांचौ थकित भये हैं जहं-तहं, जहं-तहं थिति[7] पाई।
जा कारनि मैं दौर्‌यो फिरतो, सो अब घट में आई॥
पांचो मेरी सखी सहेली, तिन निधि दई दिखाई।
अब मन फूलि भयौ जग महियां, आप में उलटि समाई[8]।
चलत-चलत मेरो[9] मन थाक्यो[10], मो पै चल्यो न जाई।
साई सहज मिल्यो, सोई सनमुख[11], कह रैदास बताई[12]।

---

1. लोगनि, 2. और न जानो दूजा, 3. पषालू, 4. सेवा, 5. सून्नि सहज में, 6. षटक्रम, षटकर्म, 7. स्थिति, 8. उलटि आप मंह समाई, 9. निज, 10. अब, 11. सुन्न समाधि भई घट भीतर, 12. बड़ाई।

॥ 4 ॥

अब हम खूब वतन घर पाया, ऊंचा खेर[1] सदा मन भाया।
बेगमपुरा सहर का नाऊं, दुःख[2] अंदेस[3] नहीं तिहिं ठाऊं[4]॥
ना तसबीस, खिराजु न मालू[5] , खौफ न खता न तरसु जवालु[6]।
काइमु दाइमु सदा पातिसाही, दाम न, साम एक सा आही।
आवादानु[7] सदा मसहूर, ऊहां[8] गनी बसहिं मामूर[9]।
तिउं-तिउं सैर करहिं जिउ भावै, हरम[10] महल मोहिं अटकावै।
कह रैदास खलास चमारा, जो उस[11] सहर सों मीत हमारा।

---

1. ख़ैब, 2. फ़िकर, 3. अंदोह, 4. ग्राम, 5. नहीं सीसष लात न मार, 6. तरसुजवाल, 7. आवादान, 8. जहां, 9. माबूद, 10. मरहम, 11. हम।

॥ 5 ॥

अब कछु मरम विचारा[1] हो हरि।
आदि मध्य[2] अवसान, राम बिन, कोई न करै निवारा[3] हो हरि।
जल तैं पंक, पंक तैं[4] अम्रित, जल जलहिं सुध होइ जैसे।
ऐसे करम धरम[5] जग[6] बांध्यो, छूटै तुम बिन कैसे हो हरि।
जप तप विधि निषेध करुनामय[7] पाप पुन्न दोउ[8] माया।
ऐसे मोहि तन मन गति बिमुख, जनम जनम डहकाया हो हरि।
ताड़न, छेदन, त्रासन, खेदन, बहुविधि कर लेइ उपाई।
लोन खड़ी[9] संजोग बिना जस, कनक कलंक न जाई हो हरि।
भनै रैदास कठिन कलि केवल,[10] कहा उपाइ अब कीजै।
भव बूड़त भयभीत[11] जगत जन[12] , कर अवलंबन दीजै हो हरि।

1. विचारू, 2. अंत, 3. निरवारा, 4. जल में पंक, पंक अमृत जल, जब मैं पंक, पंक अमृत जल, 5. मरम, 6. जीव, जिअ, 7. करूं नामै, नाम करूं, 8. पुन्नि यहु, 9. लोनखड़ी, 10. मनै रैदास उदास ताही तैं, 11. भै भीत्त, 12. भगत जन

॥ 6 ॥

अब कैसे छूटै राम रट लागी।
प्रभु जी तुम चंदन हम पानी, जाकी अंग-अंग बास समानी।
प्रभु जी तुम घन बन, हम मोरा, जैसे चितवत चंद चकोरा।
प्रभु जी तुम दीपक, हम बाती, जाकी जोति बरै[1] दिन राती।
प्रभु जी तुम मोती, हम धागा, जैसे सोने[2] मिलत सुहागा[3]।
प्रभु जी तुम स्वामी हम, दासा, ऐसी भगति करै रैदासा।

---

1. जरै, 2. सोनहि, 3. सोहागा।

॥ 7 ॥

अब का कहि कौन बताऊं।
अब का कहि देवलि देव समाऊं॥
का स्यौं राम कहौं सुनि भाई, का स्यौं क्रिस्न करीमां।
का स्यौं बेद कतेब कहूं अब, का स्यौं कहूं ल्यौ लीना॥
का स्यौं तप तीरथ व्रत पूजा, का स्यौं नाउं कहाऊं।
का स्यौं भिसति दोजिगु, ना सति करि, का स्यौं कहूं कहाई।
का स्यौं जीव सीव कहौं माधो, सुनि सहजि घरि माई।
का स्यौं गुनी न गुन कहूं माधो, का स्यौं कहूं बताई॥
जल के तरंग जल मांहि समाई, कहि काकौ नांव धरियै।
ऐसे तैं मैं एक रूप हैं माधो, आपन ही निरवरिये॥
भनै 'रैदास' अब का कहिं गाऊं, जउ कोई औरहि होई।
जा स्यौं गाइहि गाइ कहत हैं, परम रूप हम सोई॥

॥ 8 ॥

अमर भये हम काहे कूं मरि हैं।
मिथ्या जग माया तजि दीनी, सत्त रूप मनु धरि हैं।
जौ दीसै सभु माया फंदा, ताकि जेवरि कतरिहैं।
अनिक बारु जन्म अरु मरिये, फुनि हों भमरि न परिहैं।
एतरि नाव खेवटिया गुरु रामा, नाम लेत ही तरिहैं।
पर जनम मंह पातक बहुले, हौं पाछै ही बिछुरिहैं।
कहि 'रैदास' अब बनी कुछ ऐसी, फुनि ओसर किहिं परिहैं।

॥ 9 ॥

अविगति नाथ निरंजन देवा, मैं क्या जानूं[1] तुम्हारी सेवा।
बांधू न बंधन छाउं[2] न छाया, तुमहि[3] सेऊं निरंजन राया।
चरन पतारि[4] सीस असमाना, सो ठाकुर कस[5] संपुट[6] समाना[7]।
सिव सनकादिक अंत न पाया, खोजत ब्रह्मा जनम गंवाया।
तोरो[8] न पाती, पूजौं[9] न देवा, सहज समाधि करौं[10] हरि सेवा।
नख प्रसेद[11] जाके[12] सुरसरि धारा, रोमावली अठारह भारा।
चारि वेद जिहि[13] सुमिरत[14] सासा, भगति हेतु गावै रैदासा।

---

1. राम, 2. छैऊं, छाऊं, 3. तुम्ह, तुम्हें, 4. पउताल, 5. पतालि, 6. कैंसे, केसे, 7. संपटि, 8. तोड़ूं, 9. पूंजूं, 10. करूं, 11. प्रसाद, परस्वेद, 12. कै, 13. जाकै, 14. सुम्रिति।

॥ 10 ॥

अब मोहि तारि तारि मोरे बाप रमइया।
कठिन फंद पर्‌यो पांच जमइया।
तुम बिन आन देव सब ढूढ़े, को तन काटै जम पासि फंदइया।
गुन तोर, मोर सब औगुन, चरन सरन रैदास रमइया।

॥ 11 ॥

अहो देव तेरो अमित महिमा महादेव।
माया मन जोबन दहना कालिख कालिरातम।
सकल संसे समान, निरवान पद भुवन, नाम, विधनौअध पवन पातम।
अहो देव गुरु गौतम, वामदेव, विस्वामित्र, व्यास।
जमदग्नि, सिंगिरिसि, द्रवासा, मारकंडे, बाल्मीक भ्रिंगी अंगिराइ।
कपिल, बगदालिम, सुखमति, मनसा, अस्टावक्र,
गुर गज्जानन जानि अगस्ति पुलस्ति पारासार सिव विधाता।
जउ मख सुभ रिसि च्यिवनि वसिष्ठ,
जिहनि जागिबलिक कितै वै ध्यान राता।
अहोदेव ध्रुव अंबरीस प्रह्लाद नारद,
विदुर, द्रुवन,[1] अक्रूर, पंडव, सुदामा, भीसम, ऊधव।
वभीषन चन्द्रहासि बलि, कलि भगति जगती,
जैदेव, नाम,[2] कबीर गरड़ हनवंत ग्रिसुता।
आत्म साजा जै विजै द्रोपदी स्त्री प्रचेता,
रुकमांगद, अंगद, बसदेव, देवकी, अवर अगिनत कहुं भगत केता।
अहोदेव ! सेष सनकादि सुरति भागवत,
भरथ सतव्रत, अनुव्रत, गुन गावत।
तू अकल, अप्रच्छन व्यापक,
ब्रह्ममैकरस सुध चेतनि पूर्ण मनेवं।
तू स्रगुन निरगुन निरामयी न्रिविकार,
हरि अंजन निरंजन विमल अप्रमेवं।
तू प्रमात्मा परकिरती अवगति,

---

1. द्रोण, 2. नामदेव

सुचिदानन्द गुन ग्यांन गेहं।
अहोदेव ! पवन-पावक अवनि जलधि जलधारा।
तू रनकाल जम म्रिति ग्रह व्याधि बाधा।
गज भुजंग भूपाल ससि सक्रादिकपालं,
आज्ञा अनंत न मुचिते म्रजादा।
अभय वर प्रतंग्या, दुस्ट तारन चरन सरनाहं तेरे,
दास 'रैदास' यहु काल व्याकुल भयौ
त्राहि त्राहि गुरु रामा आलंबन मोरे॥

॥ 12 ॥

आगे मंदा ह्वै रहना, परकिरति न जाई।
कुकर चौकी चहौडियै, फिरि वहे सुभाई॥
सुरसरि मैं जु सुरा पर्यो, को करै न विचारं।
राम-नाम हिरदै बसै, सब सुख निधि सारं॥
कहै 'रैदास' सुनि केसवे, अंतहकरन विचार।
तुम्हरी भगति के कारने, फिरि ह्वैहों चमार॥

॥ 13 ॥

आजु दिवस लेऊं बलिहारा[1],
मेरे ग्रिह आये राजा, रामजी का पियारा[2] ।
आंगन बगड़[3] भवन भयौ पावन, हरिजन बैठे हरिजस गावन।
करौं डंडौत[4] अरु[5] चरन पखारौं,
तन-मन-धन उन[6] ऊपरि[7] वारौं।
कथा कहैं अरु अरथ[8] विचारैं, आप तिरैं औरनि को[9] तारैं।
कहैं[10] रैदास, मिलें[11] निज दास, जनम जनम के काटै[12] पांस[13]।

---

1. आज का द्यौंस क ल्यों बलिहारा, 2. प्यारा, 3. बंगला, 4. दंडवत, 5. लोप है, 6. संतनि, 7. संतन पर, 8. अर्थ, 9. कूं, 10. कह, 11. आये, 12. काटि चलैगे मो का पास, 13. फांस।

॥ 14 ॥

आयो हो आयो देव तुम सरना, जानि क्रिपा[1] कीजे अपनो जना।
त्रिविध जोनि बास, जम को अगम त्रास, तुम्हरे भजन बिन भ्रमत फिरौं।
ममता[2] अहं विसै मदमातौं, यह दुख[3] कबहु न दुतरि तिरौ।
तुम्हरे नांव विसास, छाड़ि आन आस। संसार धरम मेरो मन न धरिजै।[4]
रैदास दास की सेवा मानि हो देवाधिदेव[5] पति पावन नाम[6] परगट[7] कीजै।

---

1. किरपा, कृपा, 2. ममिता, 3. सुख, 4. संसारी धरम मेरे मन नहिं धीजै, 5. देव विधि देव, 6. पति पावन, 7. प्रकट।

॥ 15 ॥

आरति[1] कहां लौ जोवै, सेवक[2] दास अंचभौ[3] होवैं
बावन कंचन दीप धरावै[4], जड़ वैराग[5] द्रिस्टि न आवै।
कोटि भानु जाकी सोभा रोमैं, कहा आरती अगनि रु धूमै[6]।
पांच[7] तत यह त्रिगुनी माया[8], जो दीसै सो सकल समाया[9]।
कह रैदास देखा[10] हम मांही[11] सकल जोति[12] रोम सम नाहीं[13]।

---

1. आरती कहां लेकरि जोवै, 2. सेवक, 3. ऊंच मैं, 4. धड़ावै, 5. वैराग्य, वैरागी, 6. होमै, 7. पांच तत्व तिरगुणी माया, 8. उपाया, 9. नसाया, 10. देख्या, 11. मैं, मम, 12. ज्योति, 13. नाहिं।

॥ 16 ॥

आरती करत हंसै मन मेरो, आवत चित तुव रूप घनेरो।
अजर अमर अडोल अभेस निरगुन रहित रूप नहिं रेखा।
चेतन सत चित् घन आनन्दा, निरविकार तेज अमित अभेदा।
अनूप अजन्मा, सरबग्य अनन्ता, अभेद अदेख अविगत सुछंदा।
नाम की बाती घीव अखंडा, इकहीं जोत जले ब्रह्मंडा।
अनत बार तोहि धिआन लगावा, सुनि जनि पै पार नहिं पावा।
मन बच करम 'रैदास' धिआवा, घंटा झालर मनहिं बजावा।

॥ 17 ॥

इहु तनु ऐसा जेसे घास की टाटी।
जलि गइओ घासु, गलि गइओ माटी[1] ।
ऊंचे मंदर[2] साल रसोई, एक घरी फुनि[3] रहनु न होई।
भाई बंध[4] कुटंब सहेरा[5], ओइ भी लागै काढु सबेरा।
घर की नारि उरहिं तन लागी, उह तउ भूतु-भूतु करि भागी।
कहि 'रैदासु' सभै[6] जगु लूटिआ[7] , हम तउ[8] एक राम कहि छूटिआ[9]।

---

1. जल गई घास, रलि गई माटी, 2. मन्दिर, 3. पुनि, 4. बंधु, 5. सहेला, 6. जबै, 7. लुट्यो, 8. तौ, 9. छूट्यौ।

॥ 18 ॥

इहै अंदेसौ राम राइ रैनि दिन मोरे[1], निस बासुर गुन गांऊ तोरे।
तुम च्यंतत[2] मेरी च्यंता ही न जांही, तुम च्यंतामनि[3] होहु कि नांही॥
भगति हेत[4] तुम कहा-कहा नहीं[5] कीन्हा, हमरी बेर भए[6] बल हीना।
कहै 'रैदास' दास अपराधी, जो तुम द्रवौ[7] मैं भगति न साधी॥

---

1. मेरैं, 2. तुम चितवत मेरी चिंता हो न जाई। 3. चिंतामनि, 4. भगति कै हेत, 5. न, 6. भये, 7. दखौं।

॥ 19 ॥

ऐसा ध्यान धरौ बनवारी, मन पवन द्रिढ़[1] सुखमन नारी।
सो जप जपौं जो बहुरि न जपना, सो तप तपौं जो बहुरि न तपना।
सो गुरु करौं जो बहुरि न करना, ऐसो मरौ जो बहुरि न मरना।
उलटि गंग जमुन मैं लावौं, बिनहिं जल मज्जन ह्वे आवौ[2]।
लोचन भरि-भरि[3] बिंब[4] निहारौं, जोति विचारि न और विचारौ।
पिंड[5] परे जीव जिस घर[6] जाता[7] , सबद अतीत अनाहद राता।
जापै क्रिपा सोई भल जानै, गूंगौ साकर[8] कहां बखानै।
सुन्न[9] मंडल में तेरा[10] बासा, तातें जीय मैं रहौ उदासा।
कह 'रैदास' निरंजन ध्याओ[11], जिस घर[12] जाऔं बहुतरि न आऔं।

1. दृढ़, 2. पावौं, 3. समकरि, 4. व्येब, बिम्ब, 5. प्यंउ, 6. घरि, 7. मूवां पीछे जिस घर जाता, 8. गूंगौ सा गुर, गूंगौ खाकर, 9. सुन्नि, 10. मेरा, 11. ध्याओं, धावों, 12. पर।

पाठान्तर.

जिहि याह लही सोई भल जानैं, गंगौ कसकर गहा बषांनै।
प्रानं पूरिष पठवौं आकासा। तातै छूटि जाइ जम पासा।

॥ 20 ॥

ऐसी मेरी जाति विख्यात चमारं[1], ह्रिदय[2] राम गोविंद गुनसारं।*
सुरसरि[3] जल क्रित वारुनी रे, जिसे संत जन करत नहिं पान[4]।
सुरा अपवित्र तिनि[5] गंगा[6] जल मानिए, सुरसरि मिलत नहिं होत आनं
ततकरा अपवित्र कर मानिए, जैसे कागद[7] गर करत विचारं।
भगत भगवंत जब ऊपरै लेखिए, तब पूजिए करि नमस्कारं।
अनेक अधम जीवन नांव गुनि उधरै, पतित पावन भए परसि सारं।
भनत[8] 'रैदास' निरंकार[9] गुन गावते, संत साधु भए सहज पारं।

*इस पद का संबोधनपरक अन्य पाठ पद 109 पर भी है।

---

1. अैसी मेरी जाति चमारं, 2. हिरदै, 3. सुरसरी सर लिया क्रित बरुनी रे। 4. पानं, 5. (लोप), 6. गंग, 7. कागरा, 8. भणत, 9. रंकार।

॥ 21 ॥

ऐसी भगति न होइ रे भाई।
राम नाम बिनु जे कछु करिए, सो सब भरम कहाई।
भगति न रस-दान, भगति न कथै ग्यांन, भगति न वन मैं गुहा[1] खुदाई।
भगति न अैसी हांसी, भगति न आसा पासी, भगति न कुल कांनि गंवाई।
भगति न इंद्री बांधे, भगति न जोग साधै।
भगति न आहार घटाई, ऐ सब करम कहाई।
भगति न निद्रा साधै, भगति न वैराग बांधैं
भगति न ऐ सब वेद बड़ाई।
भगति न मुंड मुडाए, भगति न माल दिखाई।
भगति न चरन धोवाए, ऐ सब गुनी जन गाई।
भगति न तौं लौं जानी, जौं लौं आप (कौ) बखानी।
जोई जोई करै, सोई सोई करम बड़ाई।
आपौ गई तब भगति पाई, ऐसी भगति है भाई।
राम मिल्यौ अपनौ गुन खोयौ, रिधि सिधि सबै जु गंवाई।
कहै 'रैदास' छूटि सब आस, तब हरि ताही कै पास।
आतमा थिर भई, तब सबही निधि पाई।

---

1. गुफा

॥ 22 ॥

ऐसी लाज तुझ बिनु कौन करै।
गरीब निवाजु गुसाइयां, मेरा माथै छत्रु धरै।
जाकी जोति जगत कउ लागै, ता पर तुहीं ढरै।
नीचहं ऊंच करै, मेरा गोबिंदु, काहू तैं न डरै॥
नामदेव, कबीरु, त्रिलोचनु, सधना, सैनु, तरै।
कह 'रैदास' सुनहु रे संतहु, हरि जीउ तैं सभै सरै।

॥ 23 ॥

ऐसी जिन करि हो महाराज।
दूर मांही तुम बइठै देखौ, बिगरत हैं यौं काज॥
द्रोपत सुता की तुम कौ देखत, खैंच लई सब लाज।
बरस सहस दस जुध करायो, जुगल उधारण राज॥
प्रहलाद भगति कौ छिनि-छिनि तारो, बोहोरि सुधारै काज।
बाल सखाजल मांहि डुबोये, तार्‌ये बिनि हीं जिहाज॥
उन भगतन को छिनि-छिनि तार्‌ये, ज्यूं तार्‌ये त्यूं साज।
काच कथीर पतित हमरो हो, नैनन देखो आज॥
खल हल कासी लोग बहु आये, देखन भगति समाज।
विरद तजौ के विरद संभारो, कहै 'रैदास' चमराज॥

॥ 24 ॥

ऐसो जानि जपो रे जीव, जपि लेउ राम न भर्‌यो[1] जीव।
नामदेव जाति कै ओछ, जाको जस गावै लोक॥
भगत हेत भगता के चलै[2], अंकमाल[3] ले बीठल[4] मिलै।
कोटि जग्य जो कोई करै, राम-नाम सम तउ न निस्तरै॥
निरगुन को गुन देखो आई, देही सहित कबीर सिधाई।
मोर कुचिल जाति में बास[5], भगति हेतु[6] हरि चरम निवास।
चारो वेद किया खंडौति[7], जन रैदास करै दंडौति[8]।

---

1. मरमहु, 2. भक्तों को मिलै, 3. अंकमाल, 4. बठिल, 5. मोर कुचिल जाति कुचिल में बास, 6. चरन, 7. खण्डौत, 8. डण्डौत।

॥ 25 ॥

ऐसो[1] कछु अनुभौ कहत न आवै, साहब मिलै तौको[2] बिलगावै[3]।
सब में हरि है हरि में सब है, हरि अपनो[4] जिन जाना।
सखी नहीं अउर कोई दूसर[5], जाननहार[6] सयाना।
बाजीगर संग में राचि रहा[7], बाजी का मरम न जाना।
बाजी झूठ सांच बाजीगर, जाना मन पतियाना।
मन थिर होइ तो कोइ न सूझै, जानै जाननहारा।
कह रैदास विमल विवेक सुख, सहज सरूप सभारा।

---

1. अस, 2. कूं, 3. बिगरावै, 4. आपने आपन पौ, 5. अपनी आप साखि नहिं दूसर, 6. जावन हार, 7. बाजीगर सो राचि रहा, बाजीगर संग कहिए।

॥ 26 ॥

ऐसोई हरि क्यूं पाइबो, मन चंचलु रे माई।
चपल भयो चहुंदिस धावइ, राख्यौ न रहाई।
मैं मेरी छूटइ नहिं कबहुं, मैंमंता, मदु बीध्यौ।
लोभ मोह मंह रह्यौ रु भलानौ, निज विसया रस रीझ्यौ।
काम लुबधु कौ बसि पर्‌यौ, कुलकांनि छाड़ि बिकायौ॥
छापा तिलक छपौ नहीं सोभइ जौं लो केसौ नहिं गायो।
संजनि रह्यो न हरि हूं सिमरियौ, विरथा भ्रम्यौ रु भ्रमायौ।
अनिक कौतग कला काछै कछै, बहुरि सांग दिखावौं।
मूरिख आपन आपु समुझि नंह, औरनि का समुझावौ॥
आस करै बैकुण्ठ गवन कउ, चलमन कभउ न थिरायौ।
जौं लौं मन बीस नंह हूंतौ, तौं लगि सभु जुठरायौ॥
कपट कीयां रीझइ नहिं केसौ, जगु करता नहिं कांचा।
कहि 'रैदास' भजौ हरि माधो, सेवग हूवै मन सांचा॥

॥ 27 ॥

कवन भगति ते रहै प्यारो पाहुनो रे[1]।
घरि-घरि देख्यौ मैं अजब[2] अभावनो रे।
मैला-मैला कपरा[3] कहां लगु[4] धोऊं।
आवै-आवै नीदड़ी[5] रे कहा लौं सोऊं।
जयूं ज्यूं जोड़ै त्यूं त्यूं फाटै
झूठैं सब जरै उठि गयो हाटै[6]।
कह रैदास परो[7] जब लेख्यो[8]।
जोइ-जोइ कियो सोइ सोइ देख्यो।

---

1. कौन भक्ति तें रहै प्यारो पाऊण रे, कूण भगति तै रहै प्यारौ, पाऊण रे। 2. अजक, 3. कपड़ा, कापड़ा, 4. लौ, किता येक धोऊं, 5. नीदहिं, 6. झूठे से बसि जै रे उठि गयो हाटे, 7. पर्‌यो, 8. लेख्यौं।

॥ 28 ॥

कहा भइयो जउ तनु भइओ छिनु, छिनु प्रेम जाई तउ डरपै तेरौ जनु।
तुझहि चरन अरबिंद भवन मनु, पान करत पाइओ रामइआ धनु॥
संपति बिपति पटल माइआ धनु, ता महि मगन होत न तेरो जनु।
प्रेम की जेवरी बांधियो तेरो जनु, कहि 'रविदास' छूटिबौ कवन गुन॥

॥ 29 ॥

कहा[1] सूते मुग्ध नर काल के मंझि[2] मुख,
तजिय[3] वस्तु, राम चितवत्[4] अनेक सुख।
असह धीरज लोप[5] क्रिस्न[6] उभरंत कोप, मदन भुवंग नाहिं मंत्र जंत्रा।
विसम पावक ज्वाल[7] ताहि वार न पार लोभ सर्पिनी[8] ग्यांन हंता।
विसम संसार लौ[9] लहरि व्याकुल तबै, मोह गुन विसय[10] सन बंध भूता।
टेरि गुर[11] गारुड़ी मंत्र स्रवना दीयौ, जागि रे राम कहि काहे को सूता।
सकल समरथ जती संत मति कही तिती,
पाई न पन्नग मति परम बेता।
ब्रह्मरिसि, नारद, संभु सनकादिक, राम-नाम रमति पार भए[12] तेता
जजन-जाजन[13] जाप रटन जाय तीरथ दान,
औषधि[14] रसिक कंद मूल[15] देता।
नाग दवनि जलजरी[16] राम सुमिरन बरी भनत रैदास चेतनि चेता[17]।

---

1. कहा, 2. मंझ, 3. बसति, तजू अब सत्राम, 4. व्यंतत, 5. लोभ, कोप, 6. तृष्णा, 7. ताहि, झार, 8. अयनी, तपनी, 9. व्याल, लहरि, 10. विषम, 11. गन, 12. भए पार लेता, 13. यजन-याजन, जोजनिं, जाजनि, जापनि, 14. वौषदी, 15. गंदमूल, 16. जरजरी, 17. मनत रैदास चेत निमेत्ता।

॥ 30 ॥

कहि[1] मन राम-नाम संभारि, माया के भ्रम कहा भुलानो[2]
जाहुगे[3] कर झारि
देखि धौं यहां कौन तेरो, सगा सुत नाहीं नारि।
तोरिउ[4] तंग[5] सब दूरि करिहै, देहिगे तन जारि।
प्रान गए कहो कौन तेरा[6] देखि सोच विचारि।
बहुरि एही कलिकाल[7] मांही, जीति भावै हारि।
यहु[8] माया सब थोथरी रे भगति दिसि प्रतिहारी[9]।
कह रैदास सतू वचन गुरु के, सो जीव* ते न बिसारि[10]।

---

1. कहु, 2. भूल्यो, 3. जाहिगो, 4. तोरि, 5. उतंग, 6. कहु कौन तेरो, 7. कलिकाल, 8. बहु, 9. भगति दिनि प्रतिहार, भक्ति दिस प्रतिकार, 10. बिसारि

* जी-मन या हृदय से।

॥ 31 ॥

का गाऊँ गाइ न होई, गाऊँ रूप सहजे सोई।
नहिं अकास महिं धर धरनी, पवन पुर घट चंदा।
नहिं अब राम क्रिस्न गुन भाई, बोलत है सुध छंदा।
नहिं अब वेद कतेब पुराननि, सुनि सहज रे भाई।
नहिं अब मैं तैं मैं तैं, नाहीं, का स्यौं कहौं बताई।
भनै 'रैदास' का कहि गाऊँ, गाइन गाइ हरांना।
समुझि विचारि बोलि कहां धौं आपहि आप समांना॥

॥ 32 ॥

कालहु नाइ ताहि पद सीसा, नहिं बिसरऊं बिन एकहु ईसा।
जनम मरनु अरु जंग जाला, नाम परताप न विंआपहिं व्याला।
अगत विगत अनादि अनूपा, बिस्व बिआपक ब्रह्म अरूपा।
घट-घट तिह पेषियत अइसे, जल मंहि लहिर जल जइसे।
कहि 'रैदास' हरि सरब विआपक, सरब च्यंतामनि सरब प्रतिपालक।

॥ 33 ॥

कान्हां[1] हो जगजीवन मोरा।
तूं न बिसारिय[2] राम मैं जन तोरा॥
संकटु[3] सोच पोच दिन राती, कर्म कठिन मेरी जाति कुभांती।
हरउ[4] भावै[5] करउ[6] कुभाव, चरनन छोडूं[7] जाइ सुभाव[8]।
कहै रैदास कछु देउ[9] अवलंबन, बेगि मिलौ[10] जिनि करउ[11] बिलंबन॥

---

1. काहूं, 2. बिसारी, 3. संकट, 4. हरहु, 5. भाव, 6. करिह, 7. छांड़ि, भावै, 8. नहिं सुजाव, 9. देहु, 10. मिलहु, 11. जनिकर हु।

॥ 34 ॥

का तू सोवै जागि दिवाना, झूठा जीवन सतकरि[1] जाना।
जो दिन आवै सो दुख में जाही, कीजै[2] कूंच रहन चिर[3] नाहीं।
सुग[4] चलि है हमें भी[5] चलना, दूरि गवन सिर ऊपरि मरना[6]।
जो कुछ बोया लुनिए सोई, तामे फेरफार कस होई।
छाड़िय कर भजौ[7] हरि चरना, ताका मिटै जनम अरु मरना।
आगे पंथ[8] खरा है झीना, खाड़ै धार जैसा है पैना।
तिस[9] उपर मारग है तेरा, पंथी पंथ संवरि[10] सबेरा।
क्या तैं खरचा क्या तैं खाया, चल दरिहाल दीवान बुलाया।
साहिब तो पै लेखा लेसी, भीर परै[11] तूं भरि-भरि देसी।
जनम सिराना पथ न संभारा[12], सूझि[13] मया[14] दसदिसि अंधियारा।
कह रैदास अज्ञान दिवाना, तसि[15] नहिं दुनिया फन खानै[16]।

---

1. सतकर, सांचकरि, 2. करि नैकं चरहै सत्त नाहीं, 3. सचु, 4. संगी चलि गये हमकौं भी चलना, 5. हमें मोचलना, भी, धौ, 6. धरना, 7. मजै, 8. राह, 9. जिस, 10. संभारि, 11. पड़ै, 12. पसारा, 13. रैनि परी चहुं दिसि अंधियारा, 14. सूझि भयो, सूझि पर्‍यो, 15. अजहूं न चेल्यौ रे दुनियां फंद बांना। 16. अजहूं ने चेतहूं नीफद खाना।

॥ 35 ॥

काहे मन मारन बन जाई, मन की मार कवन सिधि पाई।
बन जाकरि इहि मनवा न मरहीं, मन को मारि कहहु कस तरहीं।
मन मारन का गुन मन काहीं, मनु मूरख तिस जानत नाहीं।
पंच विकार जौ इहि मन त्यागौं, तौं मन राम चरन महिं लागौ।
रिदै राम सुध करम कमावऊ, तौ 'रैदास' मधु सूदन पावऊ।

॥ 36 ॥

किहि[1] विधि अब सुमिरो रे[2], अति दुरलभ[3] दीन दयालं
मैं महाविसयी अति[4] आतुर, कामना की झाल[5]।
कहा डिंभ बाहरि[6] कीयै, हरि कनक कसौटी हार।
बाहर भीतर साखि तूं, हौं[7] कियौ संसा[8] अंधियार।
कहा भयौ बहु पाखंड कीयै, हरि हिरदै सपने[9] न जान।
ज्यूं दारा बिभचारिनी, मुख[10] पतिव्रता[11] जीय आन।
मैं हृदय हारि बैठ्यो हरि[12], मो पै सर्‍यौ न एकौ काज
भाव भगति रैदास रे[13], प्रतिपाल करि मोहिं आज[14]।

---

1. किहि बिधि अनुसरौं रे। 2. अनसरौ, 3. दुर्लभ, दुलभ, 4. अधिक, 5. जाल, 6. बाहर डिम्म, 7. मैं, 8. ससौ, ससिअ, 9. हृदय सुपन, 10. विमुख, 11. पतिव्रत, 12. मैं हिरदै हरि पद हारि बैठ्यो, 13. रैदास दे, 14. आजि।

॥ 37 ॥

किहि मन टेढ़ो-टेढ़ो जात।
जाकूं पेखि बहु गरिवानो, हाड़ मांसु कौ गात।
थूक लार विस्टा कौ बेढ़ौ, अन्त धार हृवै जात।
राम-नाम इक छिनु न सुमरियो, बिसियन सूं बहुघात।
ज्यूं खग पेखि दरपन मंह तन, कूं बेरि बेरि चूझियात॥
अजहूं चेति गहु सिख मूरिख, जनम अकारथ जात।
जल-थल बाउ अगन कौ पुतरा, छिन मंहि होहि मसमात।
कोटि जतन करि जोगि तपि हारे, निहचय हंसा उड़ि जात।
कहि 'रैदास' राम भज बावरे, बय बीते पछितात।

॥ 38 ॥

कूपु भरिओ जैसा दादिरा कछु देसु विदेसु न बूझ।
ऐसे मेरा मन बिखिआ बिमोहिआ, कछु आरा पारु न सूझ।
सगल भवन के नाइका इकु बिनु दासु दिखाइ जी।
मलिन भई मति माधवा, तेरो गति लखी न जाइ।
करहु क्रिपा भ्रमु चूकई मैं सुमति देहु समझाई
जोगीसर पावहिं नहीं, तुअ गुन कथनु अपार।
प्रेम भगति क कारनैं, कहु 'रैदास' चमार।

॥ 39 ॥

केसवं विकट माया तोर, तातें[1] विकल[2] मति गति मोर[3]।
सुबिख डंस[4] कराल अहि मुख ग्रसित सुदिल समेख[5]।
निरषि[6] माखी भखत[7] व्याकुल, लोभ काल न देख।
इन्द्रियादिक दुख दारुन, असंख्यादिक पाप।
तोहि भजन रघुनाथ अंतरि, ताहि त्रास न ताप।
प्रतिग्यां प्रतिपाल चहुं जुग[8] भगति पूरन काम।
आस[9] मोहि[10] भरोस तोर है, रैदास जै-जै राम।

---

1. तायें, 2. निकट, 3. विकल लगति मति मोर, 4. उष्ण, सन, 5. सुमेष, 6. विखि, 7. बकै, 8. प्रतिज्ञा चिन्ह, 9. आस तोर भरोस है, 10. तोर।

॥ 40 ॥

कोऊ सुमिरन[1] देखौ, ऐ सब उपली चोभा।
जाकै जैसी सुमिरन ताको तैसी सोभा[2]।
हमरी[3] ही सीख सुनै, हम सौं ही मांडे रे।
अति ही आतुर वह कांचा ही तोरे[4]।
बूड़े जल[5] वैसे नाहीं पड़ै रे थोरे[6]।
थोरे ही इतराइ चालै, पातिसाही अड़ै।
थोरे ही थोरे मूसिए[7] परायो धना।
कहै रैदास सुनो हो संत जना।

भिन्न पाठ :

कोई सुमार न देखौं, ऐ सब ऊपली चोला।
जाको जेता परकासै, ताको तेती सोभा।
हमही पै सीखि, सीखि हमहीं सों माड़ै।
थोरे ही इतराइ चालै, पातिसाही छाड़ै।
अतिही आतुर कहै, कांचा ही तौड़ै।
औडे जल पैसे नाहीं, पाडुरै खोरे।
थोरें थोरे मुखियत परायो धनां।
कहै रैदास सुनौ संत जनां।

---

1. कोई सुमारन, 2. जाकूं चेता प्रकास ताकूं तेतिहि सोभा। 3. हम, 4. तोले, 5. उड़े जल, 6. बोरै, 7. मुसियत।

॥ 41 ॥

कवन भगति तैं रहे प्यारौ पाहुनो रे।
घरि घरि देख्यौ मैं अजब अमावनौ रे।
मैला मैला कपड़ा किताएक धोऊं, आवै न नींदड़ी रे कहां लौं सोऊं ॥
ज्यूं-ज्यूं जोरूं त्यूं त्यूं फाटै, झूठे से बनिज उठि गयो हारे ॥
कहै 'रैदास' पर्‌यौ जब लेख्यौ, जोई जोई कियौ रे सोई सोई देख्यौ ॥

॥ 42 ॥

खटु करम कुल संजुगतु है, हरि भगति हिरदै नांहि।
चरनारविंद न कथा भावै, सुपचि तूलि समान।
रे चित! चेति चेत अचेत, काहे न बालमीकहिं देखं
किसु जाति ते किंह पदहिं अमरिओ, राम भगति विसेख।
सुआन सत्रु अजातु सम ते, क्रिस्न लावै हेतु।
लोगु बपुरा किया सराहै, तीनि लोक प्रवेस।
अजामलु पिंगला लुभतु कुंचरु, गए हरि के पास।
ऐसे दूरमति निसतरे, तू किउं न तरहिं 'रैदास'।

॥ 43 ॥

खालिक सिकसता मैं तेरा, दे दीदार उमेदगार बेकरार जीव[1] मेरा।
अवल[2] आखिर इलम[3] आदम मौज फरिस्ता बंदा।
जिसकी पनज पीर पैगंबर[4], क्या[5] गरीब क्या गंदां।
तू हाजरा[6] हजूर जोग एक, अवर[7] नहीं है दूजा[8]।
जिसके इसक[9] आसरा नाहीं, क्या निवाज[10] क्या पूजा।
नालीदाज हनोज बेबखत, किमि खिदमतगार तुम्हारा[11]।
दरिमादा दर ज्वाब ना पावै, कहि रैदास विचारा।

---

1. जिउ, 2. औवल, 3. इल्लाह, 4. पैगम्बर, 5. मै, 6. हाजिराह, 7. और, 8. दूना, 9. इश्क, 10. निमाज, 11. नाला दोज बेवखत हम खिजमतिगार तुम्हारा।

॥ 44 ॥

खोजत किंथु फिरे, तेरे घट मंह, सिरजनहारं।
किस्तूरी म्रिग पास है रे, ढूंढ़त घास फिरै।
पाछ लागो काल पारधी, छिन मंह प्रान हरै।
इला पिंगला सुखमन नारी, जा मैं चित न धरै।
सहस्रार मंह भंवर गुफा है, भंवरा गूंज करै।
दिल दरियाव हीरालाल है, गुरमुख समझ परै।
कहि 'रैदास' समुझि रे संतो, इहु पद है निरवान।
इहु रहसि कोउ खोजे बूझे, सोउ है संत सुजांन॥

॥ 45 ॥

गगन मंडल मैं आरती कीजै, नाद बिंद इकमेक करीजै।
सुसमन इंदु अम्रित कुंभ धरावै, मनसा माला फूल चढ़ावै।
घीव अखंडा सोहै बाती, त्रिकुटी जोत जलै दिन राती।
पवन साधना थाल सजीजै, तामैं चौमुख मन धरि लीजै।
रवि ससि हाथ गहौ तिंह माहीं, विन दहिने विन बामै लाहीं।
सहस कंवल सिंहासन राजै, अनहद बाजन नित ही बाजै।
इहं विध आरती सांची सेवा, परम पुरिख अलख अभेवा।
कहै 'रैदास' गुरदेव बतावै, ऐसी आरती पार लंघावै।

॥ 46 ॥

गाइ गाइ अब का कहि गाऊं, गावनहार[1] को निकट बताऊं
जब लगि[2] है या तन की आसा[3], तब लगि करै पुकारां
जब मन मिलो[4] आस नहिं तन की, तब को गावन हारां
जब लगि नदी न समुद्र समावै, तब लगि बढ़ै हंकारा।
जब मन मिलो[5] राम-सागर सों, तब यह मिटी पुकारा।
जब लगि भगति मुकति[6] की आसा, परम तन सुनि गावै।
जहं-जहं आस धरत है यह मन, तहं तहं कछू न पावै।
छाड़ै आस निरास परम पद[7], तब सुख सतकरि[8] होई
कह रैदास जासों और करत हैं, परम तत अब सोई।

---

1. गावन हार, 2. लक, 3. आस, 4. मिल्यो, 5. मिल्यो, 6. मुक्ति, 7. परम पद, 8. सत कर।

॥ 47 ॥

गोविन्दे भवजल[1] व्याधि[2] अमारा[3], तामे[4] सूझे वार न पारा।
अगम[5] गेह दूर दुरंतर बोलि भरोसौ दीजै[6]।
तेरी भगति संत आरोहन[7], मोहिं चढ़ाव न लेहूं।
लोह की नांव पखानन[8] बोझी, सुक्रित भाव[9] विहीना।
लोभ तरंग मोह भयो[10] काला, मीन भयो मन लीना।
दीनानाथ[11] सुनहु मम बिनती, कवने[12] हेतु बिलंब करीजै।
रैदास दास[13] संत चरननहि[14] मोहिं[15] अवलंबन दीजै।

---

1. मौनल, मौजल, 2. अधिक, 3. तामें कछु सूझै वार न पारा, 4. कछु, 5. घर दूर उर तर, 6. भरोस न देहु, 7. बोलि भरोस न देहु, 8. पखान, 9. भगति, 10. गालौ, 11. दीनानसथ क्लंकी औतार, 12. कौने हेतु बिलंबन करीजै, 13. कहै रैदाल, 14. चरनन, 15. मोहिं अवलम्बा दीजै।

॥ 48 ॥

गिरि वन काहे खोजन जाई, घट अभिअन्तर खोजहु भाई।
पुहुप मधे ज्यूं वास बसत है, त्यूं सब घट महिं रघुराई॥
बाहरि खोजन जनम सिरानों, म्रिग त्रिस्ना रह्यौ उरझाई।
राम चरन मंह थिर मन राखहुं, रिदै कंवल बसै रघुराई॥
कहि 'रैदास' सुनहू रे संतों, राम भजन बिनु किन गति पाई॥

॥ 49 ॥

गुरु समु रहसि अगमहि जानैं।
ढूढ़ै कोउ खट सास्त्रन मंह, किंथु कोउ वेद बखानैं,
सांस उसांस चढ़ावै बहु विध, बैठहिं सूंनि समाधी।
फाट्यो कामु भभूत तनु लाई, अनिल भरमत वैरागी।
तीरथ बरतु करइ बहुतेरे, कथा वस्त बहु सानै।
कहि 'रैदास' मिल्यौ गुर पूरौ, जिहि अंतर हरि मिलानै॥

॥ 50 ॥

गोविन्दे ! तुम्हरे चरनारबिंद स्यौं समाधि लागी[1]।
उर भुअंग[2] भसम अंग, संतत[3] वैरागी।
जाके तीन नैन अम्रित बैन सीस जटाधारी[4]
कोटि कलप ध्यान अलप, मदन अंतकारी
जाके नील[5] बरन[6] सकल[7] ब्रह्म गले मुंडमाला[8]।
प्रेम मगन फिरत नमन, संग सखा बाला।
अस महेस विकट भेस, अजहूं दरस आसा।
कैसे राम मिल्यौ तोहि गावै रैदासा[9]।

---

1. गोविन्दे तुम्हारे से समाधी लागी, गोविन्दे नु हमारे चरनारविंद स्यों समाधि लागी। 2. भुजग, 3. सतत्, 4. जाके लील वरन सकल ब्रह्म, 5. लील, 6. मुक्ति, 7. अकल ब्रह्म, 8. रुण्डमाला, 9. कैसे राम मिलौं तो ही, गावै रैदास।

॥ 51 ॥

गाविन्दे भवजल[1] व्याधि[2] अपारा[3], तामे[4] सूझे वार व पारा।
अगम[5] गेह दूर दुरंतर बोलि भरोसौ दीजै[6]
तेरी भगति संत आरोहन[7], मोहिं चढ़ाव न लेहूं।
लोह की नांव पखानन[8] बोझी, सुक्रित भाव[9] विहीना।
लोभ तरंग मोह भयो[10] काला, मीन भयो मन लीना।
दीनानाथ[11] सुनहूं मम बिनती, कवने[12] हेतु बिलंब करीजै।
रैदास दास[13] संत चरनहि[14] मोहि अवलंबन दीजै[15]।

---

1. मौनल, जल, 2. अधिक, 3. तामे कछु सूझै वार न पारा, 4. कछु, 5. घर दूर उन तर, 6. भरोस न देहू, 7. बोलि भरोस न देहू, 8. पखान, 9. भगति, 10. गालो, 11. दीनाथ कलंकी औतार, 12. कोने हेतु बिलंबन करीजै, 13. कहै रैदास, 14. चरनन, 15. मोहिं अवलम्बा दीजै।

॥ 52 ॥

घट, अवघट डूंगर घड़ां, इकु निरगुन बैलु हमार।
रमईए सिउ इक बेनती, मेरी पूंजी राखु मुरारि ॥
को बनजारौ राम को, मेरा टांडा लादिया जाइ रें
हउ बनजारौ राम को, सहज करऊं व्यापारु।
मैं राम-नाम धन लादिया, बिखु लादी संसारि ॥
उरवार पार के दानीआ, लिखि लेहु आल पता̱लु।
मोहि जम डंडु न लागई, तज़ीले सरब जंजाल।
मेरे रमइए रंगु मजीठे का, कहुं 'रैदास' चमार ॥

॥ 53 ॥

चमरटा गांठि न जानई, लोगु गठावै[1] पनहीं।
आर नहीं जिह[2] तोपऊं[3], नहीं रांबी ठांऊ रोपऊं॥
लोगु गंठि गंठि[4] खरा बिगूचा, हउं बिनु गोंठे जाइ पहुंचा[5]।
रैदास जपै राम नामा। मोहिं जमि सिउ नाहीं कामा।

1. गठावैं, 2. जिह, 3. तोपउ, 4. गांठि-गांठि, 5. पहूचा।

॥ 54 ॥

चल मन[1] हरि चटसाल पढ़ाऊं।
गुरु की साटि ग्यांन का अच्छर, बिसरै[2] तो सहज समाधि लगाऊं
प्रेम की पाटी, सुरति की[3] लेखनि, ररा-ममा[4] लिखि अंक दिखाऊं[5]।
इहि[6] विधि मुकत[7] भए सनकादिक, हृदय विचार प्रकास दिखाऊं।
कागद कवंल[8] मति मसि करि निरमल[9], बिन रसना निस दिन[10] गुन गाऊं।*
कह रैदास राम भजु भाई, संत साखि[11] दे बहुरि न आऊं।

1. चलि मन, 2. बिसरत, 3. कर, 4. ररौ-ममौ, 5. लखाऊं, 6. रोही 7. मुक्त, 8. कैवल, 9. निर्मल, 10. जपि, भजि, 11. साषि।
* कवंल—कलम।

॥ 55 ॥

चित सिमरनकरौं[1], नैन अवलोकनो, स्त्रवन[2] बानी सुजसु पूरि राखौं[3]।
मनु सु मधुकरु[4] करौ[5] चरन हिरदे धरौ[6], रसन अम्रित राम नामभाखौं[7]।
मेरी प्रीति[8] गोबिन्द से[9] जनि[10] घटै, मैं तो मोलि[11] महंगी लई जीव[12] सटै।
साध संगति बिना भाव[13] नहिं ऊपजै, भाव[14] बिन भगति नहिं होय तेरी।
कहै 'रैदास' एक बेनती हरि सिउं, पैज राखहुं[15] राजा राम ! मेरी।

---

1. काऊं, 2. सुवन, 3. राखऊं, 4. मधु करु, 5. करउ, 6. घरउ, 7. मखउ, 8. प्रति, 9. सिउ, 10. सिउ जिनि घटै, 11. मिलि, 12. जिउ, 13. मांउ, 14. माउ, 15. राखउ।

॥ 56 ॥

जउ तुम गिरिवर तउ हम मोरा, जउ तुम चंद हम भए हैं चकोरा।
माघवे ! तुम न तोरहु तउ हम महीं तोरहि,
तुम सिउ तोरि कवन सिउ जोरहिं॥
जउ तुम दीवरा तउ हम बाती, जउ तुम तीरथ, तउ हम जाती।
सांची प्रीति हम तुम सिउं जोरी, तुम सिउं जोरि अवर संगि तोरी॥
जहं जहां ताउं तहां सुमरी सेवा, तुम सों ठाकुर असरु न देवा।
तुमरे भजन कटहिं जमु पांसा, भगति हेत गावै, रैदासा॥

[प्रभुजी तुम चंदन हम पानी रचना की आंशिक आवृत्ति]

॥ 57 ॥

जउ हम बांधे मोह फांस, हम प्रेम बंधानि तुम बांधें
अपने छुटन को जतनु करहु, हम छुटे तुम आराधे॥
माधवे, जानत हु जैसी तैसी, अब कहा करहुगे ऐसीं
मीनु पकरि फांकिऔ अरु काटिऔ, रांधि कीऔ बहु बानी॥
खण्ड खण्ड करि भोजनु कीनौ, तऊ न बिसरिऔ पानी।
आपन बापे नाहीं किसी को, भावन को हरि राना।
मोह पटलु स्त्रमु जगतु बिआपिओ, भगत नहीं संतापां
कहि 'रैदास' भगति इक बाढ़ी, अब इह कासिउं कहीए।
जा करनी हम तुम आराधे, सो दुखु आजहु सहीए॥

॥ 58 ॥

जन कूं तारि तारि नाथ[1] रमइया, कठिन[2] फंद पर्‍यो पंच जगइया।
तुम बिनु सकल देव मुनि ढूंढूं[3], कहूं[4] न पायों जम पास छुड़इया।
हमसे दीन, दयाल न तुम सम[5], चरन सरन रैदास चमइया[6]।

---

1. तार, 2. कठन, 3. ढूंढ़ै, 4. कबहूं, 5. तुम सर, 6. चमारा।

॥ 59 ॥

जउपै[1] हम न पाप करंता, अहै[2] अनंता।
पतित पावन तेरो बिड़द क्यूं हुंता।
तोहीं मोहीं, मोहीं-तोहीं, अंतरु कैसा[3]।
कनक कटिक जल तरंग जैसा।
तुम्ह जु नाइक आछहु अंतरजामी,
प्रभु ते[4] जनु जानीजै, जन तें सुआंमी।
सरीस आराधै, मोंकऊं बिचारु देहू[5]।
'रैदास' समदल समझावै कोऊ[6]।

1. देवा, 2. अहो, 3. ऐसा, 4. ठाकुर-थै, 5. तुम्ह सबहिन महं तुम्ह सब माहीं, 6. रविदास दास असमझिउ कहै कहाई।

॥ 60 ॥

जग में वेद-वेद[1] मानीजै[2]।
इनमें[3] और अकथ[4] कछु औरे, कहौ कौन[5] परि कीजै।
भौजल व्याधि असाधि प्रबल अति प्रबल पंथ न महीजै।
पढ़ै सुनै कछु समझि न पाई, अनभै[6] पद न लहीजैं।
चष[7] विहीन[8] करतारि चलत है, तिनही[9] न अस[10] भुज दीजै।
कह 'रैदास' विवेक तत्त बिनु, सब मिलि गरक[11] परीजै।

---

1. बेद-बैद, 2. मांनी, 3. इन मांहि, 4. अगम, अगत, 5. कवन, 6. अनुभौ, अनुभव, 7. चख, 8. बिहुन, 9. तिनहु, नितही, 10. अंश, 11. मरत

॥ 61 ॥

जब हम होते तब तूं नांही, अब तू ही मैं नाहीं।
अनल अगम जैसे लहर भइ ओदधि, जल केवल जल मांही॥
माधवे किआ कहीए प्रभु ऐसा, जैसा मनीए होइ न तैसा॥
नरपति एकु सिंघासनि सोइआ, सुपने भइआ भिखारी।
अछत राज बिछुरत दुखु पाइआ, सो गति भई हमारी॥
राज भुइअंग प्रसंग जैसे हहि, अब कुछ मरमु जनाइआ।
कनिक कटंक जैसे भूलि परै, अब कहते कहनु न आइआ॥
सरबै एकु अनेकैं, सुआमी, सभ घट भोगवै सोई।
कहि 'रैदास' हाथ पै नेरै, सहजे होई सु होई॥

॥ 62 ॥

जनम अमोल अकारथ जात रे।
सुमरन करौ कभउं नहिं हरि कौ, ज्यौं लौ नहि छरत गात रे॥
ऐ सबु संगी दिवस च्यार के, धन दारा सुत पित मात रे।
बिछुरे मिलन बहुरि नह ह्वैहो, ज्यौं तरवर छिन पात रे॥
तौ कैसे हरिनाम लेहुगे, गर अटकै कफ-सिट बात रे।
काल कराल भ्रमत फंदक जयूं, करत अचानौ घात रे॥
चेतै नहिं अलपु मति मूरखि, छांडि अम्रित, विषु खात रे।
कहि 'रैदास' आस तज औरे, स्री गोपालह रंग रांच रे॥

॥ 63 ॥

जपो राम गोव्यंद बीठल वासदेव हरि बिश्न[1], बैकुंठ मधु कैटभारीं
क्रिस्न केसौ रिसीकेस कंवला कंत[2], अहो भगवंत, त्रिविध संताप हारीं
अहो देव संसार तो[3] गहन गंभीर भीतरि,
भ्रमत दिसि, बिदिसि दिव्य कछु न सूझै।
बिकल व्याकुल, खेद प्रनवत, प्रेमहित,
ग्रसित मति मोंहि मारग न सूझे ॥
देव इहि औसरि कौन संक्या[4] समान,
देव दीन उधरन चरन सरन तेरी।
नहीं आंन गति बिपति कौ हरन और
स्रीपति सुनसि सीख संभार प्रभु करहु मेरी
अहोदेव काम केसरि काल भुजंग भामनी भाल,
लोभ सूकर क्रोध बरबारनूं
देव ग्रब गैंडा, महामोह रटनीं, निकट,
बिकट तक निकट वस्त अहंकार आरनूं
देव जल मनोरथ उरमीं, तरन त्रिस्नां अपारं,
मकर इन्द्री जीव जंना मांही।
भ्रमत व्याकुल नाथं सति विसयादिक पंथ, देव देव विश्रामं, नांहीं
अहो देव सबै असंगति, मेर मधि फूटा भरें, नाऊं नौका, बड़े भाग पाई।
बिन गुर करनधार[5] डोलै न लागै तीर, विसै प्रवाह औगाह जाई ॥
देव किहिं करौं पुकार जाऊं[6] कहाँ कास्यौं
कहौं, का करौं अनुग्रह दास की त्रासहारी।
इति व्रत मांनि अवरु अवलंबन नांही, तौ बिन त्रिविध नाइक मुरारी ॥
अहोदेव जेते कहियैं, अचेत तू सरबंगि मैं न जानौं ग्यांन ध्यांन तेरौ।
देव सति मति प्रति सति मन अमल[7],

मन वच क्रमन अरु अवलंबन नहीं मेरो[8]।
देव कठिन[9] काल जंजाल जग जमनिका,
ग्यांन वैराग द्रिढ़ भगति नाहीं।
मलिन मति 'रैदास' निरबल सेवा अभ्यास,
प्रेम बिन सकल संसै न जांही।

---

1. विस्नु, 2. राम राघव रिसीकेस प्रभु पूतिपति, 3. सागर, 4. काके सरना, 5. बिन कारन धार, 6. किहि पुकारौं कहा जाऊं काकरौं। 7. साम मल, 8. नहीं आन मोरे, 9. काठिन।

॥ 64 ॥

जब राम नाम कहि गावैगां
ररंकार रहत सबहिन मै, अंतर मेल मिलावैगा।
लोहा समकर कंचन समकर[1], भेद अभेद समावैगा।
जे सुख होवै पारस कै परसै, सो सुख का कहि गावैगा।
गुर प्रसाद भई अनभै मति, विस अम्रित सम ध्यावैगा।
कहै 'रैदास' मेटि आपा पर, तब वा ठौरहिं पावैगा[2] ॥

1. लोहा कंचन समकरि देखै। 2. तब दागे रहि पावैगा।

॥ 65 ॥

जल की भीति पवन का थंभा, रकत बूंद का गारा।
हाड़ मांस नाड़ी को पिंजरु[1], पंखी बसै विचारा॥
प्रानी किआ मेरा, किआ तेरा, जैसे तरवर पंखी बसेरा।
राखहु कंध उसारहु[2] नीवां, साढ़े तीनि हाथ तेरी सीवां॥
बंके लाल पाग सिर ढेरी[3], इहु तनु होइगो भसम की ढेरी।
ऊंचे मंदर सुंदर नारी, राम नाम बिनु बाजी हारी॥
मेरी जाति कमीनी, पांति कमीनी, ओछा जनमु हमारा।
तुम सरनागति राजा रामचंद, कहि 'रैदास' चमारा॥

---

1. पिंजर, 2. कंधउ सारउ, 3. डेरी।

॥ 66 ॥

जाकै रामजी धनीं, ताकै काहिं की कमी है।
मनसा को नाथ मनोरथ पुरवै, सुख निधान की कहा गिनीं है।
कवन काज किरपन की माया, करत-फिरत अपनीं अपनीं है।
खाई नसके, खरच नहिं जानैं, ज्यौं भवंगं सिर रहत मनी है।
रखवारै को चक्र सुदरसन, बिघन न व्यापै, रोक छिनीं है।
सिव सनकादिक पार न पावै, मों बपरै की कौन गिनीं हैं।
जाकी प्रीति निरंतर हरि सौं, कहे 'रैदास' ताकी सदा ही बनी है।

॥ 67 ॥

जा कौ हरि जू आपु निबाजत, तिहि त्रिविध ताप नहीं बाधै।
जम कौ दूत छांड़ि करि भाजै, सांचा हरि किंधु न अराधै।
निसचर जात रिप बंधु बभीषन, अभै देहि सरन मंह राखै।
कनक कसिपह कुबुध पोखि प्रभ, खम्भ फारि प्रहलादहु राखै।
ध्रुव कूं अटलु पद हरि दीन्हौं, भगत सिरोमनि नांम धरावै।
खटरस भोज सुयोधन, दास विदुर को मान बढ़ावें।
गज कू फंद छुड़ावै छिन मंह, रामु नामु इकु बार उचारै।
जन रैदास प्रभु सरनाई, उनमनि रह राम उर धारै।

॥ 68 ॥

जा पै दीनानाथु ढरै।
दीनबंधु करुनामै स्वांमी औगन चित न धरै।
निसंचर फुनि बंधु बभीषन, तिहु सिर छत्र धरै।
बन बेरि-बेरि भखै भीलनी कै, लछिमन पेखि प्रजरै॥
दरिद सुदामा कियहुं आपु सम, नैनन नीर ढरै।
कहि 'रैदास' क्रिस्न करनामैं, नाम लेत उबरै॥

॥ 69 ॥

जयाहां देखो वाहां चामही चाम।
चामके मंदिर बोलत राम।
चाम की गऊ चाम का बचड़ां।
चामहि धुन ? चामहि ठांडां।
चाम का हाती, चाम का राजा।
चाम के ऊंट पर, चाम का बाजा॥
कहत 'रैदास' सुनो कबीर भाई।
चाम बिना देह किनकी बनाई॥

॥ 70 ॥

जिहिं कुल साधु बेसनों होई।
बरन अबरन रंकु नहीं ईसरु, विमल बासु जानिए जग सोइ।
ब्रह्मन बैंस सूद अरु ख्यत्री, डोम चंडार मलेछ मन सोइ।
होइ पुनीत भगवंत भजन ते, आपु तारि तारे कुल दोइ।
धंनि सु गांऊं धंनि सो ठाऊं, धंनि पुनीत कुटंब सभ लोइ।
जिनि पीआ सार रसु, तजै आन रस, होइ रस मगन डारे विस खोई।
पंडित सूर छत्रपति राजा, भगत बराबरि अवरु न कोई।
जैसे पुरैन पात रहै जल समीप, भनि 'रैदास' जनमे जगि ओइ।

॥ 71 ॥

जे ओहु[1] अठसठि तीरथ न्हावै, जे ओहु दुआदस सिला पुजावै।
जे ओहु कूप तटा[2] देवावै, करै निंद सम बिरथां जावै।
साध का निंदकु[3] कैसे तरे, सर पर जानहू नरक ही परै।
जै उहु ग्रहन[4] करै कुल खेति, अरपे नारि सींगार समेति[5]।
सगली सिंम्रिति स्रवनी सुनै, करैं निंद कवनै नहीं गुनै।
जे ओहु अनिक प्रसाद करावै, भूमिदान सोभा मंडपि पावै।
अपना बिगारि बिरांना साढ़ै, करै निंद बहु जोनी हाढ़ैं।
निंदा कहा करहु संसारा, निंदक का परगटि पाहारा।
निंदक सोधि साधि बिचारिआ, कहु 'रैदास' पापी नरकि[6] सिधारिआ।

---

1. उहु, 2. तड़ा, 3. निन्दक, 4. गहन, 5. सींगारि समेत, 6. नरक।

॥ 72 ॥

जो तुम गोपालहिं नहिं गैहौ[1]।
तौ तुमका[2] सुख में दुःख उपजै, सुखहि कहां ते पैहौं[3]।
भूल्यो नाथ सकल जग डहक्यो,[4] झूठौ भेष बनैहौं।
झूठै तै सांच तब होइहो, हरि की सरन[5] जब ऐहौ।
कनरस, बतरस और सबै रस, झूठहि मूड़ मुड़ैहौ।[6]
जब लगि तेल दीया में बाती, फिर पाछे बुझ जैहौं।
जो[7] जन राम नाम रंगराते, और रंग न सुहैहौ।
कह रैदास भजौ रे क्रिपानिधि, प्रान गये पछितैहौ।

---

1. गहहौ, 2. तुमकौ, तुमकूं, 3. पइहौ, 4. माला नाम सबै जग डहकौ, 5. सरनि, 6. डोलाइहौं, डोलैहौ, 7. जौ।

॥ 73 ॥

जो जन ऊधौ ! मोहि न बिसारे, हौं न बिसारौं आध घरीं।
जइसै आंडे पड़इ भारथ मंह, ले गज घंट उतार धरीं।
तइसै राखौं आपन सेवक कूं, बिसियन व्याधि अभै करीं।
जौ मुंहि भजै, भजऊं मैं ताकूं, हरि सिमरन तैं पारी परी।
कहै 'रैदास' साध संगति मिलि, राम भजै तो बिपति टरी॥

॥ 74 ॥

जो तुम तोरौ राम[1] मैं नहिं तोरौ, तुम सौ[2] तोरि कवन सौं जोरौ[3]।
तीरथ बरत न करूं[4] अंदेसा, तुम्हरे चरन कमल[5] एक भरोसां।
जहं जहं जाओ[6] तुम्हरी पूजा[7], तुम सा देव ओर नहिं दूजा[8]।
मैं अपनो[9] मन हरि से जोरौ, हरि सो जोरि सबन सो तोरों।
सबही पहर[10] तुम्हारी आसा, मन क्रम वचन कहै रैदासा।

---

1. जै तुम तोरौ राम राई, 2. स्यौं, 3. जोरुं, 4. करौं, 5. कंवल, 6. जाऊं, 7. सेवा, 8. तुम सिर और नहीं कोउ देवा, तीरथ वरत का मैं करौ न, 9. अपने, 10 परिहरि मोहि।

॥ 75 ॥

जो मोहि बेदन का सनि आखौं, हरि बिन जीवन कैसे करि राखौं।
जीव तरसै इक दंगि बसेरा, करहु संभाल तुम सिरजन मेरा।
बिरह तपै तन अधिक जरावै, नींदड़ी न आवै, भोजन नहीं भावै।
सखी सहेली गरब गहेली, पीउ की बात न सुनहु सहेली।
मैं रे दुहागिनि अधि कर जांनी, गयौ सु जोबन साध न मांनीं।
तू दानां सोई साहिब मेरा, खिजमतिगार बंदा मैं तेरा।
कहं 'रैदास' अंदेसा ये ही, बिन दरसन क्यों जीवै सनेही।

॥ 76 ॥

जो दिन आवहिं सो दिन जाहीं,
करना कूंच, रहनु थिरु नाहीं।
संगु चलत हैं, हम भी चलना,
दूरि गवनु, सिर ऊपरि मरनां
क्या तूं सोया[1] जागु अयाना[2],
तैं जीवन-जग सचु करि जाना।
जिनि दीया सु[3] रिजकु अंवरायै,
सभ घट भीतरि हाटु चलावैं।
करि बंदिगी[4] छाड़ि मैं मेरा,
हिरदै नामु सम्हारि सबेरा।
जनमु सिरानो, पथु न संवारा,
सांझ परी, हद दिसि अंधियारा।
कह 'रैदास' नदान[5] दिवाने,
चेतसि नाहि दुनियां[6] फन खाने।

1. किआ तूं सोइआ, 2. इयाना, 3. जिनि जीउ दीया सु, 4. बंदगी, 5. निदानि, 6. नाही दुनीआ।

॥ 77 ॥

जो सुख होत साध कूं भेटे, गावत स्याम सकल दुःख मेटे।
ते किम जांनहि से तन महमा, जौ माया जंजाल लपेटे।
अट्‌ठ पहरि तिन्हि कछु नहिं सूझई, ज्यूं तेली कूं ब्रिषभ संकेटे।
जौ जन राम नाम नहिं उचरै, उर भरइ ज्यूं गरदम लेटे।
जन 'रैदास' रामु बल गरजति, मनहुं च्यारि पदारथ भेंटे।

॥ 78 ॥

जाति थैं कोउ न पार पहुच्यौं।
राम भगति बसै खरे।
षटकर्म[1] सहित जु बिप्र होतें
हरि भगति चित्त द्रिढ़ नाहिं रे।
हरि कथा स्यौं हेत नाहिं
सुपच तुलै ताहि रे।
स्वान सत्रु अआति सब थैं।
हरि स्यौं ल्यावै हेत रे।
लोक बाकी कहां जाने,
तीन लोक पवित्र रें
अधम जीवन उधरे केते,
काटि कुंजर का पासि रें।
ऐसे दुरमति मुक्ति[2] किये,
क्यों न तिरै रैदास रे।

1. खट करम, 2. मुकति।

॥ 79 ॥

ज्यौं तुम कारन केसवे, अंतरि[1] लव[2] लागीं।
एक अनुपम अनुभव[3] किमि[4] होइ विभागी।
इक अभिमानी चात्रिगा, विचरत[5] जग माहीं।
जदपि[6] जल पूरन मही[7], कहूं था रुचि नाहीं।
जैसे कामी देखै कामिनी, हृदय[8] सूल उपजाई।
कोटि वैद विधि उपचरै[9], बाकी विथा न जाई।
जो जिहि[10] चाहे सो मिलै, आरति[11] गति होई।
कह रैदास यह गोप नाहीं[12], जानै सब कोई॥

1. अन्तर, 2. लिव, 3. अनुभवी, अनुभवै, 4. किनि, 5. विचरन, 6. यद्यपि, 7. पूरम मही, 8. रिदै हृदल, 9. ऊचरै, 10. तेहि, 11. आरत, 12. नहिं।

॥ 80 ॥

ताथै पतित नहीं कौ पावन, हरि[1] तजि आंन न ध्याया[2] रे।
हम अपूजि[3] पूजि भयै हरि थैं, नांव अनूपम पाया रे॥
अस्टादस[4] व्याकरन बखाने, तीनि काल स्वर जीत्या[5] रे।
प्रेम[6] भगति अंतर गति नाहीं, ताथै[7] धांनक नींका रे॥
ताथैं भलौ स्वांन को सत्रु[8], हरिचलां चित लाया रें।
मुवां मुकति बैकुठह बासा, जीवत[9] इहां जस पाया रे॥
हम अपराधी[10] नीच घरि[11] जनमैं, कुटुब[12] लोग करे हांसी रे।
कहै 'रैदास' राम जपि[13] रसना, काटै[14] जम की पासी[15] रे॥

---

1. माधव हरि, 2. ज्यावै, 3. हमउ पूजि, 4. अस्टदस, 5. जीता, 6. राम, 7. हरि हित, 8. हरि चरनौ, 9. जीवन, 10. असोच, 11. पर, 12. सजन, 13. रटि, 14. काटि, 15. फांसी।

॥ 81 ॥

ताकौ जनम अकारथ कहिए।
विसयन रतु संसा भ्रमु अटक्यो, भंवर कंद मंहु रहिए॥
जग मंह रहहु कंवल जल जइसे, गुर चरनां चित रहिए।
आसनु छाड़ि द्रिदु आसन, बैइठि राम नांव लिव लइए॥
पूजा भजनु कीरतन सब कछु, दसधा हु मंहि समइए।
नेत नेत जिहिं वेद बखानहिं, राम रूप तेहि कहिए।
कहि 'रैदास' जउ व्यापहि घट घटु, तिहि कांइ बिसरिए॥

॥ 82 ॥

त्राहि त्राहि त्रिभुवन[1] पति पावन अतिसय सूल[2] सकल बलि जावन[3]।
काम क्रोध लंपट मन मोरा, कैसे भजन करौ[4] मैं तोरा।
विसम विसाद[5] बिहंडनकारी[6], असरन सरन सरनि भौ हारी[7]।
देव देव दरबार[8] दुआरै, राम-राम 'रैदास' पुकारै।

1. त्रिभवन, 2. अतिशय शूल, 3. जाऊं, 4. करुं, 5. विहंगम, 6. बिहंगम व्याध नकारी, 7. मौहारी, 8. दरबारि।

॥ 83 ॥

तुझ[1] चरनारविंद[2] भंवरमन[3] पान करत पायौ रामधन[4]।
संपति विपति पटल मायाधन, तामें[5] मगन होत तेरो जन।
कहा गयो जे गत तन छन[6], प्रेम जाइ तो डरौ[7] तेरो जन।
प्रेम रज लौ राखु हिदै धरि, कह रैदास छुटिबौ कवन परिजन[8]।

---

1. तुझ चरन अरन अरमन, 2. चरन अरविंद, 3. भवन भजु, 4. रमइया धनु, 5. ता मंहि, 6. छिन-छिन, 7. डरपै, 8. प्रेम रज ले वंधे तरै जन, कहै रैदास छुटिबौ कवन गुन।

॥ 84 ॥

तुम चंदन हम अरंड बापुरो, सँग तुमारे बासा।
नीच रूख़ तैं ऊँच भये हैं, गंध सुगंध निवासा
माधड सत संगति सरनि तुमारी, हम अवगुन तुम उपकारी।
तुम मखतूल सुपेद सपीअल, हम बयुरे जस कीरा
सतसंगति मिलि रहिए माधव जैसे मधुप मखीरा।
जाती ओछी, पाती ओछी, ओछा जनमु हमारा
राजा राम की सेवन कीन्हीं, कहि रैदास चमारा।

॥ 85 ॥

तुझहि सुझंता[1] कछू नाहि पहिरावा, देखे उभि[2] जांहिं।
गरबबती[3] का नाहीं ठाऊं, तेरी गरदनि ऊपरि लवै काऊं।
तू काइ गरबहि[4] बावली।
जैसे भादउ[5] खूंब राजुतु, तिस ते खरी उतावली॥
जैसे कुरंग नहीं पाइओ[6], मेदु तनि सुगंध ढूंढै प्रदेसु।
अपतन का जो करे बीचारु, तिस नहीं जम कंकरुं* करै खुआरू॥
पुत्र कलत्र का करहि अहंकारु, ठाकरु लेखा मंगन हारू।
फेड़े का दुखु सहै जीउपाछे किसहि पुकारहि पीउ पीउ॥
साधू की जउ लेहि ओट, तेरे मिटहिं पाप सभ कोटि कोटि।
कहि 'रैदास' जो जपै नामु, तिसु जाति न जनमु न जोनि काम॥

---

1. सुंझता, 2. उभि, 3. गर्बवती, 4. गर्बहि, 5. भादौ, 6. पायो।

* किंकर, दास, दूत।

॥ 86 ॥

तुम्ह करहु क्रिपा मुहि. सांई।
स्वांस-स्वांस तुझ नाम संभारउ, तुम्हहि भेंटि ममु मन हरसाई।
तुमहु दयाल क्रिपाल करुनानिध, तुम्हहि दीन बंधु रघुराई॥
तुम्हरी सरन रहौं निस बासर, भरमत फिरौ न हौं हरिराई।
तुम्हरी अनुकम्प मान मदु छूटै, राम रसाइन अम्रितु पाई।
ऐसो बुध जाचिंहु करुनामैं, तुझ चरन तजि कितहु न जाई।
चरन सरन 'रैदास' रावरी, आपनो जान लेहु उर लाई॥

॥ 87 ॥

तेरी प्रीत[1] गोपाल सों जनि[2] घटै हो।
मैं मोलि महंगे लई तन सटै हो।
ह्रिदय[3] सुमिरन करूं, नैन अवलोकनों[4],
स्रवनो हरिकथा पूरि राखूं
मन मधुकर करौं[5], चित्त चरना धरौं[6]।
राम रसायन रसना चाखूं
साधु संगत[7] बिन भाव न ऊपजै।
भाव[8] भगति क्यों होइ तेरीं
बंदत[9] रैदास रघुनाथ सुनु बीनती,
गुरु परसाद[10] क्रिया करौ भेदी।

---

1. मेरी प्रीति, 2. जिनि, 3. हिरदै, 4. अलोकनां, 5. करुं, 6. धरुं, 7. संगति, 8. भाव बिन, 9. बढ़त, 10. परसादि।

॥ 88 ॥

तेरी चरनी सरनी परऊ रामु राजा, बड़ो उपकारी क्रिपाल क्रिपा निधि,
सगल संसार के करहि काजा।
असुर हरनाकस क्रोध ऐसे किओ, प्रहलाद मारिबै कौ कियौ साजा।
भगत हेतु आंपि हरि प्रगटिओ, होइ निरंकार नरसिंह गाजा।
करनु दुरजोधनि दुसासन कपटु कूं, केसौ उधरि कियौ सब काजा।
सभी[1] के बीच अराधिओ द्रोंपती, बढ़ौ पट चीर जग रखि लाजा।
पतित उधारनि निज जन तारना, ऐहु नामकौ बाजिबो बाजा।
कहि 'रैदास' विस्वास मनि ऐही, सरनि आवै तोरि सोई निवाजा॥

---

1. सभा।

॥ 89 ॥

तेरे देव[1] कमलापति जन सरनि आया, मुझ जनम संदेह भ्रम छेदि माया[2]
देव अति संसार[3] अपार भवसागर, तामें जनम मरन संदेह भारी।
काम-भ्रम, क्रोध-भ्रम, लोभ-भ्रम, मोह-भ्रम,
अनत भ्रम, छेदि भ्रम करसि पारी[4]।
पंचसंगी मिली पीड़ियो, प्रानयाँ[5]*, जाइ न सको[6] बैराग भागा।
पुत्र वरग[7] कुल बंधु ते भारजा[8] भरवै दसो दिसि सिर काल लागा।
भगति चितइ तो मोह दुःख व्यापै[9], मोह चितऊं तो मेरी[10] भगति जाई
उभै संदेह[11] मोहि रैन दिन्र व्यापै, दीन दाता करूँ कौन उपाई।
चपल चेतियो नहीं बहुत दुःख देखियो, काम बीस मोहिहै करमफंदा[12]
सकति सनबंध[13] कियो ग्यांन पद हरि लीयो, ह्रिदय विस्वरूप तजि भयो अंधा।
परम प्रकास विनासी अघमोचना, निरज निज[14] रूप विस्राम पाया।
बंदत रैदास वैरागपद चिंतना[15], जपौ जगदीस गोबिंद राया[16]।

---

1. तुझ देब, 2. माया, 3. अति रस सार, अतिरसंसार, 4. छेछि मो करसि पारी, 5. प्राणिया, 6. जाय न सक्यो, 7. वर्ग, वरंग, 8. मार ज्यौं, 9. व्यापहि, 10. जब, 11. संकोच, 12. क्रम, 13. शक्ति संबंध, 14. निज, 15. च्यतां, 16. राया, बय लोक राया।

* भारजा-भार्या-स्त्री

॥ 90 ॥

तेरो जन काहे को[1] बोले, बोलि बोलि अपनी[2] भगति को खोले।
बोलत-बोलत[3] बढ़ै बियाधी, बोल अबोलै जाई।
बोले बोल अबोल कौ पकरै[4] करै बोल बोल की खाई।
बोले ग्यांन मान पकरि बोले[5] बोलै बेद बड़ाई।
उर महि[6] धरि धरि जबही बोलै, तबही मूल गंवाई।
बोलि बोलि ओरेहि समुझावै, तब लगि समझ न भाई।
बोलि-बोलि समझी जब बूझी[7] काल सहित सब खाई।
बोलै गुरु अरु बोलै चेला, बोल बोल की परतीति[8] आई।
कहै रैदास मगन[9] भयो जबहि, तबहि[10] परमनिधि पाई।

---

1. कौ, 2. अजणी, 3. बोलि-बोलि, 4. ऊबोल कौ पकरै, 5. बोलै ग्यांन र बोलै ध्यांन, 6. उरमां, धरि-धरि, 7. तब, 8. परिमति जाई, 9. थकित, 10. जब, तब।

॥ 91 ॥

त्यूं तुम कारन केसवे, अंतरि लौ लागी।
एक अनूपम अनभई, किमि होइ बिभागी।
एक अभिमानी चात्रिगा, विचरत जग मांहीं।
जदिप जल पूरन मही, कहुं वा रुचि नाहीं।
जैसे कामी देखै कामिनी, हृदय सूल उपाई।
कोटि वैद विधि उचरै, बाकी विथा न जाई।
जो जेहि चाहै, सो मिलै, आरति जू होई।
कहै रैदास मझु गोपि नाहीं, जानै सब कोई।

॥ 92 ॥

त्यों तुम[1] कारन केसवे, लालचि जीव लागा[2]।
निकट नाथ प्रापत नहीं, मन मोर[3] अभागा।
सागर[4] सलिल सरोदिका, ज़ल-थल अधिकाई।
स्वाति बूंद की आस है, पिउ प्यास[5] न जाई।
जौं रे सनेही चाहिए, चितवहु[6] दूरीं।
पंगुल[7] फल न पहुंचही[8] कछु साध न पूरी।
कह 'रैदास' अकथ कथा, उपनिसद, सुनीजैं।
जस तूं, तस तूं, तस तूहीं, कस उपमा[9] दीजै।

---

1. तुम्ह, 2. लालचि जिव लागा, 3. मन मंद, 4. साझ, 5. पिआस, 6. चितवत्, 7. व्यंगुल, 8. पहुंचई, 9. ओपम।

॥ 93 ॥

थोथा जिनि पछोंरो[1] रे कोई, पछोरी[2] जामे निजकन होई।
थोथी काया, थोथी माया, थोथी हरि बिन जनम गंवाया।
थोथा पंडित, थोथी बानी, थोथा हरि बिन सबै कहानी।
थोथा मंदिर भोग विलासा, थोथी आन देव की आसा।
सांचा सुमिरन नाम[3] पिपासा, मन वच करम कहै रैदासा।

1. ज्ञान पधारौ, 2. पछोगे, 3. नांव।

॥ 94 ॥

दरसन दीजै राम दरसन दीजै, दरसन दीजै राम[1] बिलंब न कीजै।
दरसन तोरा जीवन मोरा, बिन दरसन क्यों[2] जिवै चकोरा।
माधो[3] सतगुरु सब जग चेला, अबके बिछुरे मिलन दुहेला[4]।
धन जीवन की झूठी आसा, सत् सत् भाखै जन रैदासा।
रैदास रात न सोइए, दिवस न करिए स्वाद।
अहि निसि हरि जी सुमिरिए, छाड़ि सकल प्रतिवाद। (साखी)*

1. हो, 2. क्यूं, 3. माधउ, 4. अब बिछरै मिलै न दुहेला।

* एक हस्तलेख में साखी के साथ।

॥ 95 ॥

दारिदु देखि सभ कौ हंसै, ऐसी दसा हमारी।
अस्टादस[1] सिधि करतलै, सभ क्रिपा[2] तुम्हारी॥
तू जानत मैं किछु[3] नहीं, भव खंडन राम।
सकल जीअ[4] सरनागती, प्रभ पूरन काम॥
जौ[5] तेरी सरनागता, तिन नाही भारु[6]।
ऊंच-नीच तुम ते तरे आलजु[7] संसारु॥
कहि 'रैदास' अकथ कथा, बहु काइ[8] करीजै[9]।
जैसा तू, तैसा तूही, किआ[10] उपमा दीजै॥

---

1. अष्टादस, 2. क्रिया, 3. कछु, 4. जिउ, जीव, 5. जा 6. भार, 7. आलज, 8. काह, 9. कही जै, 10. क्या।

॥ 96 ॥

दुधु त[1] बछरै थनहु बिटारियो, फूलु भंवरि, जल मीनि बिगारिओ।
भाई[2] गोबिंद पूजा कहां लै चरावउं, फल औरु फूल अनूपम न पावउँ॥
मैलागार* बेहै[3] हैं भुइअंगा, विसु अम्रित बसहि इक संगा।
धूप दीप नइवेदहिं[4]** वासा, कैसे पूज करहि तेरी दासा।
तनु मंनु अरपउँ[5] पूज चरावउं, गुर परसादि निरंजनु पावउं।
पूजा अरचा आहि[6] न तोरी, कहि 'रैदास' कवन गति मोरी॥

---

1. पनहर दूध जो बछरु जुठारी, 2. महि, 3. मिला यागर बांधिओ भुवंगा, मैलागार बे रेहै, 4. नइदेवहिं, 5. अकपउं, 6. अहि, जानूं न तोरी।

*मैलागार–मलयगिरि, **नइवेदहिं–नैवेद्य

॥ 97 ॥

दुखियारा दुखियारा जग मंह, मन जप लै राम पियारा रे।
गढ़ कांचा तस्कर तिहं लागा, तूं काहै न जाग अभागा रे।
नैन उघारि न देखियो, तुझ मानुख जनम किह लेखा रे।
पाउं पसार किमि सोइ पर्‌यौ, तैं जनम अकारथ खोया रे।
जन रैदास राम नित भेंटहि, रहि संजम जागति पहरा रे॥

॥ 98 ॥

देखि मूरिखता यहु मन की।
राम नांम कूं छांड़ि अधारौ, गहि ओट छुद्र तिन की।
अभिअंतर रामु नहिं जान्यौ, छानहु धूरि बन बन की।
जा दिन इह हंसा उड़ि जइहैं, छोरि ठठरिया तन की।
धनु दारा मंह रहहु लपटानो, आपहु नहिं सुधि वा छन की।
जन 'रैदास' तियागो जग आसा, लहहु ओट हरि चरनन की।

॥ 99 ॥

दुर्लभ जनमु पुन[1] फल पाइओ, बिरथा जात अबिबेकै।
राजे इंद्र समसरि ग्रिह[2] आसन, बिनु हरि भगति कहहु किह लेखै।
न बिचारिओ राजा राम को रसु, जिह रस अनरस बीसरि जाहीं।
जानि अजान भए हम बावर, सोच असोच दिवस जाहीं।
इंद्री सबल, निबल विवेक, बुधि परमारथ परसेव[3] नाहीं॥
कहिअत आन, अचरिअत आन, कछु समझ न[4] परै ऊपर भाइआ।
कहि 'रैदास' उदास दास मति, परहरि, को परहु जीअ[5] दइआ॥

1. पुनि, 2. राम सरि गृह, 3. परवेस, 4. समझन, 5. जीव।

॥ 100 ॥

देव, संसै गांठि न छूटै।
काम क्रोध माया मद मतसर, इन पंचहु मिलि लूटै।
हम बड़ कवि, कुलीन, हम पंड़ित, हम जोगी संन्यासी।
ग्यांनी गुनी, सूर हम दाता, इह बुधि कबहुं न नासी।
पढ़ै गुनै कछु समझि न परहीं, जौ लौं अनभै भाउ न दीसै।
लोहा कंचनु हिरनु[1] होइ कैसे, जउ पारसहिं न परसै।
कहु 'रैदास' सभै नहिं समझसि, भूल परें जस बउरे।
मोहि अधारु नाम नराइन, जीवन प्रान धन मोरे॥

1. हिरण्य-सोना।

॥ 101 ॥

दिल दरियाव हीरालाल है, गुरमुख समझ परै।
मरजी वाकी से न विचारै, तउ हीरा हाथ परै॥
कहि 'रैदास' समुझि रे संतो, इहु पद है निरवान।
इहु रहसि कोउ खोजै बूझै, सोउ है संत सुजांन।

॥ 102 ॥

देवा हम न पाप करंत अनंता[1], पतित पावन तेरा बिड़द[2] कस हुंता[3]।
तोहि मोहि, मोहि तोहि अंतरु ऐसा, कनक कटक[4] जल तरंग जैसा।
मैं केई नर[5] तुहि अंतरिजामी, ठाकुर थैं जन जानिये स्वामी[6]।
तुम्ह सबहिन मंह, तुम्ह सब मांही, रैदास दास असमंजस नाहीं[7]।*

*पद 59 का भिन्न पाठ

1. देवा, हमन पाप करंता अहौ अनंता, 2. बिड़द, नामु, 3. कहन्ता, 4. कटिक, 5. नाइक, 6. ठाकुर तैं जान जानिये जन तैं स्वामी, 7. सीर।

॥ 103 ॥

देहु कलाली एक पियाला, ऐसा अवधू है मतवाला।
अरे कलाली तैं क्या कीया, फिर कासौ तैं प्याला दीया।[1]
कहै कलाली प्याला[2] देऊं, जीवन हारे का सिर लेऊं।
चंद सूर दोउ सनमुख होई, पीवै प्याला मरै न कोई।
सहज सून्य में माठी[3] सरवै[4], पीवै रैदास गुरुमुख[5] दऊं[6]।

---

1. सिरका सा तैं प्याला दीआ, 2. पिआला, 3. मणि, 4. स्रवै, 5. गुरुमुखि, 6. दउं, दखैं।

॥ 104 ॥

धन[1] हरि भक्ति त्रयलोक जस[2] पावनी।
करौं सतसंग[3] इहिं विमल जस गावनीं
वेद तैं पुरान, पुरान तैं भागवत, भागवत तैं भक्ति प्रगट[4] कीनीं।
भक्ति है प्रेम, प्रेम है लच्छना, बिना सतसंग नहिं जाति[5] चीनी[6]।
गंगा पाप हरे सीस ताप, अरु कलप तरु दीनता दरि खोवै।
पाप अरु ताप सब तुच्छ मति दूरि करि, अमी की द्रिस्टि[7] जब संत जोवै।
विस्नु[8] भक्त जितैं चित पर धरति[9], ते मन बच काम करि विस्खासा।
संत धरनी धरी[10], कीर्ति[11] जग विस्तरी[12],
प्रनत जन चरन रैदास दासा।

1. धन्य, 2. यश, 3. सत्संग, 4. प्रकट, 5. जाइ, जाति, 6. चीन्हीं, 7. दृष्टि, 8. विष्णु, 9. धरति ते, 10. धरि, 11. कीरति, 12. विसतरी।

॥ 105 ॥

'धिगु धिगु जीवनु राजे राम बिना।
देहि नैन बिनु, चंद रैन बिनु, ज्यूं मीनां गहरु जलै बिना।
हसती सुंड बिनु, पंखी पंख बिनु, जइ सोइ मन्दिर दीप बिना।
बेसवा कूं सुत काकौ कहिए, तैसोइ भगत तन राम बिना।
जइसे ब्राह्मन बेद बिहीनां, तैसोइ प्रानी तुझ नाम बिना।
मंत्र सुरति बिनु, नारी कंत बिनु, जइसोइ धरती इन्द्र बिना।
ज्यूं व्रिच्छा फलहिं बिहूनां, त्यों प्रानी तुझ प्रेम बिना।
काम क्रोध हंकार निवारउ, त्रिस्ना त्यागहु संत जना।
कहि 'रैदास' भइ सीतल काया, ज्यों हौं लागौं गुरु चरना॥

॥ 106 ॥

नरहरि ! चंचल है मति मोरी[1], केसे भगति करूं मैं तोरी।
तू मोहिं देखै, हौं[2] तोहिं देखूं प्रीति परसपर[3] होई।
तू मोहिं देखै, हौं तोहि न देखूं, इह मति[4] सब बुधि खोई।
सब घटि अंतरि रमसि[5] निरंतरि[6], हौं देखत हूं[7] नहीं जाना।
गुन सब तोर, मोर[8] सब औगुन, क्रित[9] उपकार[10] न माना।
मैं तैं तोरि मोरि असमंझसि सों[11] कैसे करि निसतारा।
कह 'रैदास' क्रिस्न[12] करुनामैं[13], जै जै जगत अधारा।

---

1. मेरी, 2. मैं, 3. परस्पर, 4. मति, 5. राम, 6. निरन्तर, 7. मैं देखत ही, 8. मोर, 9. कृत, 10. उपगार, 11. असमंजस, 12. कृष्ण, 13. करुणामय।

॥ 107 ॥

नरहरि प्रगटसि ना हो, प्रगटसि ना हो, दीनानाथ दयाल।
जनमेऊं[1] तौ ही ते बिगरान, हौं कछु बूझंत बहुरि सयान।
परिवार विमुख मोहि लागै[2], कछु समुझि परैं नहिं जागै[3]।
यहु भौ विदेस[4] कलिकाल[5], अहो मैं आई[6] परयो जमजाल[7]।
कबहुंक तोर[8] भरोस, जो मैं न कहूं तो मोरा दोस।
अस कहियत हूं मैं अजान[9], अहो प्रभु तुम सरबग्य सयान[10]।
सुत सेवग सदा असोच[11], ठाकुर पितहिं सब सोच।
रैदास बिनवै कर जोरि, अहो स्वामि तुम मोहि न खोरि।
सु तौ[12] पुरबला अकरम मोर, बलि जाऊं करौं जिन[13] कोर।

---

1. जनमत, 2. ललि, 3. जानि, 4. इक भइ देस, 5. क्रलिकरला, 6. आन, 7. जमजाला, 8. कब हुंक तोरै, 9. अस कहिये तेऊ न जान, 10 सर्वज्ञ समान, 11. अशोच, 12. सौ, 13. करौं निज।

॥ 108 ॥

नहीं विस्रां लहौं[1] धरनीधर, जाके सुरनर संत सरन अभिअंतर।
जहां जहां गयौ तहां जनम[2] काछै, त्रिविध ताप त्रिभुवनपति पाछै।
भये अति छींन[3] खेद माया बस[4], जस तिस ताप मरिहैं ते तस[5]।
*द्वारे नंद सा बिकट विस कारन[6], मूलि परयौ मन या विसियावन।
कहै 'रैदास' सुमिरौं बड़ राजा, काटि दियौ[7] जन साहिब लाजा[8]॥

1. नहिं विस्राम लहूं, 2. दल, 3. दीन, 4. सब, 5. जस तिन तात पर नगरि हतै तस; 6. व्यास, 7. दियै, 8. लागा।

* हारेन दसा विकट विस कारन।

॥ 109 ॥

*नागर जनां मेरी जाति विखआत चमारं
रिदै राम गोबिन्द गुन सारं।
सुरसरि सलिल[1] क्रत बारुनी[2] रे, संत जन करत नहीं पानं।
सुरा[3] अपवित्र नत अवर जल रे, सुरसरि मिलत होइ नहिं आंनं।
**तर तार[4] अपवित्र करि मानीए रे, जैसे कागरा करत बीचारं।
भगति भगउत[5] लिखीए तिह ऊपरै, पूजीए करि नमसकारं।
मेरी जाति कुटबांढला ठोर ढोवंता[6], नितहि बनारसि आस-पासा।
अब विप्र परधान तिहि करहिं डंडउति[7],
तरे नाम सरनाई[8] 'रैदास' दासा॥

* पद 20 का पाठान्तर। इसके फोटो चित्र हैं।
** ताड़-पत्र।

1. जल, 2. बासनी, 3. सुरसरि, 4. ततकार, 5. भागवत, 6. ढवन्ता, 7. डण्डौति, 8. सखहि।

॥ 110 ॥

नाथ ! कछुअ न जानउं, मन[1] माइआ कै हाथि बिकानउं।
तुम कहीयत हौं जगत गुर सुआंमी, हम कहीअत कलिजुग कै कामी।
इन पंचन मेरी मन जु बिगारिओ, पलु हरि जीतै अंतरु पारिओ।
जत देखउं तत दुःख की रासी, अजौव न पत्याह[2] निगम भए साखो।
गौतम नारि उमापति स्वामी, सीसु धरनि सहस भग गामी।
इन दूतन खलु वधु करि मारिओ, बड़ौ निलाजु अजहूँ नहिं[3] हारिओ।
कहि 'रैदास' कहा कैसे कीजै, बिनु रघुनाथ सरिन[4] का की लीजै।

---

1. मन, 2. पत्याइ, 3. न, 4. सरनि।

॥ 111 ॥

नाथ[1] ! कछु अनजानो, मन माया के हाथ बिकानो।
चंचल मनुआ चहुंदिसि धावै, पांचों इन्द्री थिर न रहावै।
तुम[2] कहियत हौ जगतगुरु स्वामी, हम कहियत कलियुग के कामी।
लोक वेद तेरी सुकृत बड़ाई[3], लोक लीक मेरी तजी न जाई।
इन[4] पंचन मेरो मन जु बिगार्‌यो, पल-पल हरि जू सौ अंतर पाइओ।
सनक सनन्दन महामुनि ग्यांनी, सुक नारद और व्यास बखानी।
गौतम नारि उमापति स्वामी, शेष सहस्र मुख कीरति गामी।
जत देखौ तत दुःख की रासी, अजौं न पतिआहु, निगम भए साखी।
यमदूतन खलु बहुविध मार्‌यो, तऊ निलज अजहूं नहिं हारयो।
हरिपद विमुख आस नहिं छूटैं, तातें तृस्ना दिन-दिन लूटे।
बहु विध करम लिये भटकावै, तुम्हें दोस हरि कौन लगावै।
केवल राम नाम नहिं लीआ, सतत, बिसै स्वाद चित दीआ।
कह रैदास कहा कस कीजै, बिन रघुनाथ करन का की लीजै।

[कुछ पंक्तियों की आवृत्ति के वावजूद पद स्वतंत्र है]

1. तुम सब जानौं देव, मन माया के हाथ किनो, 2. तुमह तो अहि जगत गुरु स्वामी, 3. लोक, लीक मो पै तजी न जाई, 4. इन मिली मेरो मन जो बिगार्‌यो, दिन-दिन हरि जूं सो, अन्तरु पार्‌यो।

॥ 112 ॥

नाम तेरो आरती भजनु मुरारे[1]।
हरि के नाम बिनु झूठे सगल[2] पसारे।
नामु तेरो आसनों, नाम तेरो उरसा, नामु तेरो केसरो, ले छिटकारे[3]।
नामु तेरो अंभुला[4] नामु तेरो चंदनों, घसि जपै नामु लै तुझहि उंचारै[5]।
नाम तेरो दीवा, नामु तेरो बाती, नामु तेरो तेलु लै मांहि पसारै।
नाम तेरे की जोति लगाई, उजिआरौ भवन सगला[6] रे[7]।
नाम तेरी तागा[8], नाम फूलमाला, भार अठारह सगल जुठारे।
तेरी कीयो तुझहि कूं अरपऊं[9], नामु तेरा तूं ही चंवर डोला रे[10]।
दस अठा[11] अठसठे चारि खानि, इहै बरतनि है सगल संसारे।
कहै 'रैदास' नामु तेरो आरती, अंतरगति[12] है हरि भोग तुमारे।

---

1. नाम तुम्हारो आरत भजन मुरारे, 2. सकल, 3. छिड़का, 4. अमिला, 5. चंदन धसि जपै नाम उचारे जपै नाम ले तुंझ कूंचारे। 6. भयो उजियार भवन सगरारे, भये उजारे भवन गला रे, 7. धागा, 8. सहस्त, सकल, 9. तुझे का अरयूं, तुझहीं कूं अरयूं, 10. दुलारे दूलारे, 11. अस्टादस, 12. सतिनामु।

॥ 113 ॥

परचे रामरमे जे कोई, पारस[1] परसै दुबिध न होई।
जो दीसै सो[2] सकल विनास, अनदीठे नाहीं विसवास।
बरन[3] रहित कहै जे राम[4], सो भगता केवल निहकाम।
फल कारन फूलै बनराई, फूल लागा तब पुहुप बिलाई[5]
ग्यानहि कारन करम कराई[6], उपजै ग्यांन तो करम नसाई[7]।
बटक बीज जैसा आकार[8], परयो तीनि लोक पासार[9]।
जहां का उपजा[10] तहां बिलाई[11], सहज सुन्न[12] में रहयो लुकाई।
जो मन बिंदै[13] सोई बिंद, अमासमय[14] ज्यौं दीसै चंद।
जल में जैसे तुंबा तिरै, परिचै पिंड जीव नहिं मरै।
सो मन कोन जो मन को खाई, बिन दौरे[15] तिरलोक समाई।
मन की महिमा सब कोउ कहै, पंडित सो जो अनतै[16] रहै।
कह रैदास यह परम बेराग, राम नाम किन जपहु सभाग[17]।
घृत कारनि दधि मथै सयांन, जीवन मुकति सदा न्रिबांन[18]।

---

1. रस, 2. तें, 3. वर्ण, 4. जे राम, 5. फल कारन कर्म कराइ, उपजयो ग्यान तब करम नसाई, 6. कराय, 7. नसाय, 8. ओंकार, 9. बिस्तार, 10. उपज, उपज्या, 11. समाई, 12. शून्य, 13. विंद, बिंधे, 14. अमावस, 15. छोरे, 16. अनभै, 17. सुभाग, सौभाग्य, 18. नृवाण, निरवाण।

॥ 114 ॥

प्रभु जी तुम औगुन बकसन हार।
हऊं बहु नीच उधरौ पातकी, मूरिख निपट पंवार।
मो सम पतितं अधम नहिं कोउ, खीन दुखी बिसयार।
नांम सुनहि नरकु भजै हूवै, तुम्हबिन कंवन हमार॥
पतित पावन बिड़द तिहारौ, आइ परौं तोहि दुवार।
कहि रैदास इहु मन आसा, निज कर लेहु उबार॥

॥ 115 ॥

पहिले पहर रैनि बनजारे[1], तैं जनम लीया संसार वे।
सेवा चुकौ रम की बनजारे, तेरी बालक बुधि[2] गंवार वे।
बालक बुधि गंवार न चेत्यो, भूला माया जाल वे।
कहा होइ पाछे पछिताये, जल पहिले न बांधी पाल वे।
बीस बरस का मया अयाना[3], थांमि न सक्या[4] भाव[5] वें।
जन रैदास कहै बनजारे, तैं[6] जनम लिया संसार वे।
दूजे पहर रैन दे बनजारिया[7], तू निरखत चाल्या छांह वे।
हरि न दमोदर ध्याइया, बनजारिया, तैं लेइ न सक्या[8] नांव वे।
नांव न लीया, औगुन कीया, इस[9] जौवन कै तान वे।
अपनी पराइ गिनी न कोई, मंद-करम[10] कमांन वे।
साहिब लेखा लेखी तूं भरिदेसी[11], भीर परै तुझ तांह वे।
जन रैदास कहे बनजारिया, तूं निरखत चाल्या छांह वे।
तीजे पहर रैन दे बनजारिया, तरे दिल रै परै पिरांन वे।
काया रु बानी[12] का करै बनजरिया, घट भीतर बसे कुजान वे।
एक बसे कुजान[13] काया गढ़ भीतर, पहला जनम गवांय वे।
अबकी बेर न सुक्रित किया, बहुरि न यह गढ़ पाइ वे।
कंपि देह, काया गढ़ खीना[14], फिरि लागा पछितांन वे।
जन रैदास कहै बनजारिया, तरे दिलरे परै पिरांन वे।
चौथे पहर रैनदे बनजारिया, तेरी कंपन लागी देह वे[15]।
साहिब लेखा मांगिया, बनजारिया, तू[16] छाड़ि पुरानी थेह वे ॥
छांड़ि पुरानी जिंद अयाना[17], बालदि लंदि सवेरिया वे[18]।
जमके आये बांधि[19] चलाये, वारी पूगी[20] तेरिया वे।

पंथि चले अकेला होइ दुहेला[21], किसको[22] देइ सनेह वे।
जन रैदास कहै बनिजारिया, तेरी कंपन लागी देह वे[23]।*

* इस रचना को 'हरिजस' कहा जाता है।

1. बनजारिया, 2. बाल बुद्धि,, 3. सयाना, 4. सक्का, 5. नांव, मार, 6. तौ, 7. बनिजारै, 8. सक्को, 9. जिस, 10. मंदे करम, 11. मरि देखी, परदेसी, 12. काया खनिका, 13. कुजाण, 14. रवाना, 15. तुव, तेरी, 16. देह, 17. अजाना, 18. बालदि हांकि सवेरिय वे, बाल कहंक सवेरिया वे, 19. बंन्द, 20. पूरी, पूंजी, 21 वराउहेला, 22. कास्यौं, 23. तेरी थरहर पकै देह वे।

॥ 116 ॥

प्रभु जी संगति सरनिं तिहारी।
जगजीवन राम मुरारी।
गली-गली को जल[1] बहि आयो, सुरसरि जाय समायो।
संगति के परताप महातम, नाम गंगोदक पायो।
स्वांति बूंद बरषै फनि ऊपर, सीस विषै[2] विष होई।
वाही बूंद को मोति उपजै[3], संगति की अधिकाई।
तुम चंदन हम रेड़[4] बापुरे, निकट तुम्हारे बासा[5]।
संगत के परताप महातम[6], आवै[7] बास सुबासा।
जाति भी ओछी, करम भी ओछा, ओछा कसब हमारा।
नीचें ते प्रभु ऊंच कियो है[8], कह रैदास चमारा॥

---

1. नीर, 2. विष, 3. वाही बूंद को मोती उपजै, 4. इरंड, 5. आसा, 6. नीच व्रिस से ऊंच भये हैं, 7. तुम्हरी, 8. तुम्हरी क्रिया तैं ऊंच भए हैं।

॥ 117 ॥

पार गया चाहै सब कोई,
रहि[1] उर वार पार नहिं होई
पार कहै उर[2] वार सूं[3] पारा,
बिन पद परचै भ्रमै[4] गंवारा।
पार[5] परमपद् मंझि[6] मुरारी,
ता मैं आप रमैं बनवारी।
पूरन ब्रह्म बसै सब ठांइ[7],
कहै रैदास मिलै सुख साईं[8]।

---

1. राई, दुहुं, 2. उस पार सूं, 3. स्यों, 4. भ्रमहि, 5. पाप, 6. मंझ, 7. ठांही, 8. सुषसाई।

॥ 118 ॥

पावन जस माधो तोरा[1],
तुम दारुन अघ मोचन मोरा।
कीरति तेरी पाप बिनासै, लोक वेद यों गावै।
जो हम पाप करत नहिं भूधर, तौ तूं कहा नसावै।
जब लगि अंग-पंक नहिं परसैं, तौ जल कहां पखारै[2]।
मन मलीन विषया रस लंपट, तौ हरि नांव संभारै।
जो हम विमल हृदय[3] चित अंतर, दोष कवन परिधरिहौं।
कह रैदास प्रभु तुम दयाल हौ[4], बंध[5] मुक्ति कब करिहौं।

---

1. तेरा, 2. पछालै, पखारै, 3. रिदै, 4. दया हौं, 5. अबंध।

॥ 119 ॥

पीआ राम रसि[1] पीआ रे।
तातैं अमर जुगा-जुग जीआ रे।
दया सुराही तत्तु पिआला निरमउ अम्रित चीना रे।
भरि भरि देवै सुरत कलाली, दरिया दरिया पीना रे।
मनिमाता मन मा मतवारी, चित गलतान हैराना रे।
पीवतु पीवतु आपा भूला, पीवनुहार बिलाना रे[2]।
पांच पचीस तीन अरु चारा, मजलस मांहि घिराना रे।
पीवतु पीवतु उनूमत माया, अलमस्ती दिवाना रे।
दरि धरि भूलि[3] गयो 'रैदास' आसा[4] मद मतवारी रे।
पलु पलु प्रेम पिआला चालै, छूटै नांहि खुमारी रे।

---

1. रसु, 2. हरि रस मांहि बौराना रे, 3. बिसरि, 4. उनमनि।

॥ 120 ॥

प्रीति सुधारन[1] आव।
तेज सरूपी सकल सिरोमनि, सकल[2] निरंजन राव।
पीव संग प्रेम कबहूं नहिं पायौ, कारनि[3] कवन बिसारी।
चक को ध्यान दधि सुत सों ज्यो है[4], तो तुमते मैं न्यारी।
भोर भयो[5] मोहिं इक टग जोवत, तलफत रजनी जाई।
पिय बिन सेजहि का सुख सोऊं[6], विरह विथा तन खाई।
मेटि दुहाग सुहागिन कीजै, अपने अंग लगाई।
कह रैदास स्वामि तैं बिछुरै[7], एक पलक जुग जाई[8]।

---

1. सुधामनि, 2. अकल, 3. करनी, 4. सो हेत है, सो होत है, 5. भवसागर मोहिं, 6. पिया बिना सेज को कासुख, 7. स्वामी क्यों बिछोह, प्रभु तुम्हरे बिछोड़े, 8. समाई।

॥ 121 ॥

पांड़े ! हरि विचि अंतर डांढ़ा।
मुंड मुडावै सेवा पूजा, भ्रम का बंधन गाढ़ा।
माला तिलक मनोहर बानौ, लागौ जम की पासी।
जौ हरि सेती जोड़्या चाहो, तौं जग सों रहौं उदासी।
भूख न भाजै, व्रिस्ना न जाई, कहौ कौन कवन गुन होई।
जौ दधि में कांजी को जांवन, तौ घ्रित न काढ़ै कोई।
कहनी कथनी ग्यांन अचारा, भगति इनहूं सौ न्यारीं
दोई घोड़ा चढ़ि कौउ न पहुंचो, सतगुर कहै पुकारी।
जौ दासातन क़ीयौ चाहौ, आस भगति क़ी होई।
तौ निरमल सांग मगन हूवै नाचौ, लाज सरम सब खोई।
को दाधो कोई सीधौ, सांचो कूड़ निति मार्‍या।
कहै 'रैदास' हौं न कहत हौं, एकादसह पुकार्‍या॥

॥ 122 ॥

बंदे जांनि साहिब गनीं।
संमझि बेद कतेब बोले ष्वाब मैं क्या मनीं॥
ज्वांनीं दुनी जमाल सूरति। देखिये थिर नाहिंबे।
दंम छ सै सहंस इकईस निसदिन खजानैं थैं जांहिबे॥
मनीं मारे गर्व गाफिल। बेमिहर बेपीरबे।
दरीखानै परत चोबां। होता नहीं तकसीर बे॥
कुछ गांठि खरची मिहिर तोसा। खैर खूबी साथिबे।
धणीं का फुरमांन आया। तब कीय चलै साथिबे॥
तजि बद जब वेनजरि कमदिल। कुछ करि खसम की कांणिबे।
रैदास की अरदासि सुणि कुछ हक हिलोल पिछानिबे॥

॥ 123 ॥

बरजि हो बरजि बीठुले[1], माया सब जग खाया।
महा प्रबल सबहीं बस करिये[2], सुर नर मुनि भरमाया॥
बालक विरध तरुन[3] अति सुंदर, नाना भेख बनाया।
जोगी जती तपी संयासी, पंडित रहन न पाया।
बाजीगर की बाजी कारनि, सबको कौतिग भावै[4]।
जो देखे सो भूलि रहे, वाका चेला मरम जु पावै[5]॥
खंड ब्रहमांडि[6] लोक सब जीते, येहि विधि तेज जनावै।
सबहीं का चित चोर लियो है, वाके पीछै लागा धावै॥
इन बातन से पचि मरियत है[7], सबको रहै उझारि[8]।
नेक अरक[9] किन राखी केसव, मेटौ बिपत हमारी।
कह रैदास उदास[10] भयो मन, भांजि कहां अब जाहि[11]।
इत उत तुम गोबिंद गुसाईं, तुमहीं मांहिं समाई[12]।

---

1. अतुले, 2. महाप्रबल सबही सन, 3. कबहुं बाल तरनि, 4. कौति आवै, कौतुक भावै, 5. मरम न पावे, 6. ब्रह्माण्ड, 7. इन बातन संकुचित मारियत, 8. कहै तुम्हारी, 9. दृष्टि, 10. दास, 11. जाइये, 12. साहिब समइये।

॥ 124 ॥

बापुरो[1] सति रैदास कहै रे।
ग्यान[2] विचार[3] चरनि चित राखै[4], हरि की[5] सरनि रहै रे।
पाती तोरे पूजि[6] रचावै, तारन तरनि कहै रे[7]।
मूरति मांहि बसे परमेसर[8], तौ पांनि मांहि तिरै रे।
त्रिविध[9] संसार कौन[10] विधि तिरबों, जो द्रिढ़[11] नांव न गहे रे।
नांव[12] छाड़ि जे डूंगी बसे[13], तौ दूना दुःख सहे रे।
गुरु[14] को सबद अरु सुरति कुदाली, खोदत कोउ लहै रे[15]।
राम काहु के बाट न आयो[16], सोना कूल बहै रे[17]।
झूठी माया जग डहकाया, तो तीनि[18] ताप दहै रे[19]।
कह[20] रैदास राम जपि[21] रसना, माया काहू के संग न रहै रे[22]।

---

1. बापरो, 2. ज्ञान, 3. विचारि, 4. लखे, लखै, राखै, 5. हरिजू कै, 6. पूजा, 7. तारौं तारक, रै, रे, 8. पाहन मैं जो बसैय रमस्वर, तौ जल मैं क्यों न तिरै रे, 9. त्रिविधि संसार इसी विधि तिरिये, जै कोउ राम कहै रे, 10. कवन, 11. दिढ़, 12. छाड़ि जिहाज डाडे जे बसे, तौ अधबिच बूड़ि रहै रे। 13. अंडे बेसे, डूंगे बैसे, 14. ग्यांन गुरु अरु सुरति कुदारी, षोजै सोई लहै रे, राम का टूकै बांटे नाहीं, सोने कुल बहै रे। 15. रहै रे, 16. कहाहु रमकै न बाढ़े आपौ, बाढ़ौ न आपौ, 17. सो नेकु लमहै रे, 18. तिन, 19. रसात्रा, 20 तू, 21. रटि 22. यहु माया काहू कै न रहै रे।

॥ 125 ॥

बीति आउ* भजनु नहीं कीन्हा।
सेत भयउ तन थर थर कंपहि, हरि सिमरनु नहीं कीन्हां
सत संगत नहिं, गुर पद सेओ, प्रेम कीरति नहिं गाई।
नहिं मनु रमयो प्रभ चरनन महिं, तन स्यों परीत द्रिढ़ाई
कह रैदास चलन की बिरियां, कोउ न होहु सहाई।

* आयु

॥ 126 ॥

बौरी करिलै राम सनेहा।
संग सहेली व्याह चली सब, छांड़ि नैहरि रा गेहा।
खेलि खिलार बइस सब बीती, मन चित भई न पिउ परतीती।
मैं, मैं, जौं लौ गरब बौरानी, तौ लौं पियरा मनु नहिं आनी।
आपा मेटि मैं मेरी खोही, गरब तियागी अरपिहि निज देही।
पिउ कौ नारी उहि मन आई, जिहि अभिअंतर अवरु न काई।
जौं लौं पिउ रा मन नहिं आई, का सोरह स्यंगार बनाई।
सोइ सती रैदास बखानी, तन मन स्यूं पिउ रंग समानी।

॥ 127 ॥

भगति न होइ रे होई, जब लग तन सुध न होई।
भगति नहीं नांचै अरु गावै, भगति न बहु तप कीन्हा।
भगति नहीं स्वामी अरु सेबग, जब लग परम तत्त नहीं चीन्हा।
भगति न ग्यांन जोग बेरागे, भगति न कहै कहावैं।
भगति न सुंनि मण्डल घर सोधै, भगति न कछु दिखावैं।
जहां जहां जाइ तहां बंधन, त्रिविध ताप न जाई।
कहै 'रैदास' तबै सचु पावै, आपा उलटि समाई॥

॥ 128 ॥

भक्ति ऐसी सुनहु रे भाई, आई भक्ति तब[1] गई बड़ाई।
कहा भयो नांचे अरु गाये, कहा भयो तप कीन्हें।
कहा भयो जे चरन पखारे[2], जौं लौ परम तत्त[3] नाहिं चीन्हें।
कहा भयो जे मुंड मुड़ायो, बहु[4] तीरथ व्रत कीन्हें।
स्वामीदास भक्त अरु सेवक, जो परम तत्व नहिं चीन्हें।
कहै रैदास तेरी भक्ति दूरि है, भाग बड़े सो पावै।
तजि अभिमान मेटि आपो, पिपिलक हूं[5] चुनि खावै॥

---

1. तउ, 2. पखारे, 3. तव, 4. बहु क्या, 5. पर दिपीलका।

॥ 129 ॥

भाई रे ! मरम-भगति सूं जानि[1]।
जौं लौ सांचि सो नहिं पहिचानि[2]।
भरम नाचन भरम गायन[3], भरम तप दान।
भरम सेवा, भरम पूजा, भरम सो पहिचान।
भरम षटिक्रम सकल संहिता[4], भरम ग्रेह बन जानि[5]।
भरम करि करि करम कीये, भरम की यह बानि।
भरम इन्द्री निग्रह कीया, भरम गुहा[6] में बास।
भरम तौं लौं जानिये, सुन्न की करे आस।
भरम सुध सरीर जौं लौं, भरम नाव बिनांव।
भरम भन रैदास तौं लौं, जौं लौं चाहे ठांव[7]।

1. सुजान, 2. जौ लौं नहीं सोच सौं पहिचानि, 3. भ्रम नाचण, भ्रम गाइण, 4. सहता, संहिता, 5. भ्रम तौ लौं जानि, 6. गुफा, 7. जौ नूं चाहे ठांव।

॥ 130 ॥

भाई रे सहज बंदौ सोइ, बिन सहज सिधि[1] न होइ।
लौ[2] लीन मत तब[3] जानिये, जब कीट भिंगी[4] होई।
आपा पर चीन्है नहीं, और कूं उपदेस।
कहां से तुम आयो रे, जाहुंगे कित[5] देस।
कहिये तो कहिये कहि कहिये, कहै कौन पतियाई[6]।
रैदास दास अजान ह्वै करि[7], रह्यौ सहज समाई[8]।

1. सिद्धि, 2. ल्यौं, 3. जब, 4. भ्रंगी, 5. किस, 6. कही तो कही काहि कहिये, कहै कौन पत्यार, 7. है करि, 8. समाय।

॥ 131 ॥

भाई रे राम कहां है मोहि बताओ,
सतराम[1] ताके निकट न आओ।
राम कहत सब जगत भुलाना, सो यह[2] राम न होई।
करम-अकरम करुनामय[3] केसो, करता[4] नांव सु कोई।
जा रामहि सब जग जाने[5], मरम भूले रे माई।
आप आप थे[6] कोई न जाने, कहै कौन सो[7] जाई।
सतत[8] लोभ परस जीतै मन[9], गुना प्रश्न[10] नहिं जाई।
अलख नांव जाकौ ठौर न कतहूं, क्यों न कहौ समुझाई।
भन[11] रैदास उदास ताहि थैं, करता को है भाई।
केवल करता एक सही सिर[12], सत्तराम तिहिं ठांई[13]।

1. सत्य राम, 2. यहु, 3. करुनामैं, 4. कर्त्ता, 5. जानत, 6. तें, 7. सूं, 8. तम, रज, 9. परसि जिय तन मन जीवत, 10. गुन परसत, 11. मनै, 12. करि, 13 ढाई।

॥ 132 ॥

भेस लियो पै[1] भेद न जान्यो
अम्रत लेइ विसै सों[2] सान्यों[3]।
काम-क्रोध में जनम गवांयो
साध संगति[4] मिलि राम न गायो।
तिलक दियो पै तपनि न जाई,
माला पहिर घनेरी[5] लाई।
कह रैदास मरम जु पाऊं[6],
देव[7] निरंजन सत करि ध्याऊं[8]।

---

1. पर, 2. तू, 3. मान्यो, 4. संगित, 5. घणेरी, 6. पाओ, 7. देइ, 8. ध्याओ।

॥ 133 ॥

मन मेरो ! सत्त सरूप विचार[1]।
आदि अंत अनंत परम पद, संसा सकल निवार।
जानत जानत जान रहयो सब[2], मरम कहो निज कैसा[3]।
जस हरि कहिये तस हरि नांही, है अस जस कछु तैसा[4]।
कहत[5] आंन अनुभवत आनं, रस मिले न बेगर[6] होई।[7]
आदिहु एक अंत पुनि[8] सोई, मध्य उपाधि जू[9] कैसे।
अहै एक पै भ्रम सूं दूजो[10], कनक अलंकृत जैसे।
कह रैदास परकास परम पद, क्या जप तप विधि[11] पूजा।
एक अनेक, अनेक एक हरि, कहौ कौन[12] विधि दूजा।

1. मन मोरे सति सरूप विचारं, मेरो मन सत्य स्वरूप विचारं, 2. मन, अब, 3. मरम कहा निज जैसा, 4. है हरि बस कछु ऐसा, 5. करत, कहियत, 6. रस मिल्यो अवरु, 7. घट-घट प्रति विगर न सोई, घट-घट रमत और न कोई, 8. फुनि, 9. भ्रमरु, 10. दूजो भ्रम से दूजौ, 11. ब्रत, 12. कवन।

॥ 134 ॥

मन मोरा माया मंह लपटानो।
विसासकत[1] रहियो निसवासर, अजहुं नाहिं अघानो।
कामी कुटिल लवार कुचाली, समझइ नहीं समुझानो।
सति संगत पलु नहीं कीन्हीं, मन मूरिख बहु गरवानो।
सोवत खात दिन रैन बिताई, ताहि मैं रसना सुख मानो।
माया मंहि हिल मिलि रहियौ, फोकट सारे जनम गंवानो।
कहि रैदास कछु चेत बावरे, नाम बिन नहिं उपरानो॥

1. विषयासक्त।

॥ 135 ॥

मनु मेरो थिरु न रहाई।
कोटि कौतिग करि दिखरावै, इत उत जग मंहि धाई।
माया ममिता मोह लपटानो, दिन-दिन उरझत जाई।
सुआन पुच्छ कभु होइ न सूधो, कीजहु लाख उपाई।
गुरु कौ ग्यांन प्रेम की सांटी, कुबुध कुकरम छुड़ाई।
कहि 'रैदास' मन थिरु ह्वैसी, चलि सब छांड़ि गुर सरनाई॥

॥ 136 ॥

मन रे हरि भज साम सबेरे।
जौ जिहि करै वैसा ही पावै, करम फल तति काल निबेरे।
बहुरे जगि कौन हू राजा, मन मंह भई बड़ाई।
करि हंकार सत्त रिसि रथ जोये, जोनि सरपहु पाई।
मन मंह दरस कियौ थौ रावनि, निज बल देखि धिकाई।
दसरथ नंदन सर संहारयौ, लंक बभीषण पाई।
कियौ ठिठौली जादव कपिल सौं, मन मंह कपट रचाया।
करि न्यंदा साधु हरि जन की, अरवहु बंस नसाया।
यहु संसार काजलि कूं कोठरी, अरु विस हऊं रा कूंवा।
कहि रैदास होमैं, जग खाया, ज्यों नलिनी भू सूवा।

॥ 137 ॥

मन रे ! चलि चटसार पढ़ाऊं।
चितु कागद करि मसि नैनन री, बाराखड़ी सिखाऊं।
अ—अग्यांन छांड़ि मन मूरिख, आ—आसन—अचल लगाऊं।
इ—इला पिंगला खोलि किवरिया, सूंनि समाधि रहाऊं।
उ—उर मंह रामहि राखौं, नैननि मांहि बसाऊं।
म—मेरि तजि, राम नाम मिलि, परम तत्त को पाऊं।
र—रं राम मोहि गुरु रामा दीन्हों, नांहि इहु मंत्र बिसराऊं।
कहै रैदास ररंकार जपतहिं, भौ सागरु तरि जाऊं।

॥ 138 ॥

माई ! गोबिंद पूजा कहां लै चरावउं।*
फल अरु फूलु अनूपम पावउं।
दुधु त बछरै थनहुं बिटारियो, फूलु भंविरि जलु मीनि बिगारिओ।
मैलागर बै रहै भुइअंगा, बिखु अम्रितु बसहिं इक संगा।
धूप दीप नईबेदहिं बासा, कैसे पूज करहिं तेरी दासा।
तनु मनु अरपउं पूज चरावउं, गुरपरसादि निरंजनु पावउं।
पूजा अरचा आहि न तोरी, कहि रैदास कवन गति मोरी।

* यह पद 96 में भी है। आरंभिक दो पंक्तियाँ अलग हैं। गोविंद संबोधन के कारण इसका अलग अस्तित्व।

॥ 139 ॥

माधवे ! पारस मनि लै जाऊ, मोहिं सोने का नहिं चाऊ।
जउ मों पै राम दयाला, देउ चून लू न घीउ दाला।
मैं रूखी सूखी खाऊं, औरन की भूख मिटाऊं।
कोई परै ना दुःख की पासा, सब सुखी बसै रैदासा।

॥ 140 ॥

माटी को[1] पुतरा कैसे नचतु है[2]।
देखै सुनै[3] बोले दौरयो[4] फिरतु है।
जब कछु पावतु[5] गरब करतु है, माइया[6] गई तब[7] रोवनु लगतु है।
मन वच क्रम रस कसहिं लुभाना, बिनसि गइआ जाइ कहूं समाना।
कहि रैदास बाजी जगु भाई[8], बाजीगर संऊं[9] मोहिं प्रीति बनिआई।

---

1. का, 2. नाचतु है, 3. देखै, 4. दऊरिउं, 5. पावै, तब, 6. माया, 7. कथा, 8. माई, 9. सों।

॥ 141 ॥

*माधौ ! तूं मम ठाकुर, हौं तुझ सेवगु, जनम जम तैं हौं तुझ सेवानुग।
जहां तै रावनु लंक जराई, तहां हौं तुझ लछिमन भाई।
जहां बिंदबनु तैं बेनु बजाई, हौं हलधर होई धैन चराई।
आदि अंत मधि संग तिहारे, अब काहे करतहु निनारे।
कहि रैदास वेगु मिल ठाकुर, निज जन कूं लेह उधारि॥

* माधव, माधो, गोविंद के साथ अनेक पद दुहराये गये हैं। इसे साम्प्रदायिक प्रभाव कह सकते हैं।

॥ 142 ॥

माधो भ्रम कैसे न बिलाइ[1] तातै द्वैत दरसै आइ[2]।
कनक कुंडल सूत पट[3] जुदा, रजु भुअंग[4] भ्रम जैसा।
जल तरंग, पाहन प्रतिमा ज्यौं, ब्रह्म जीव दुति[5] अैसा।
विमल एक रस उपजे न बिनसे, उदय अस्त दोउ मांहीं।
बिगता बिगत घटै नहिं कबहूं[6], बसत बसै सब मांही।
निहचल निराकार अज अनुपम, निरभै[7] गति गोबिन्दा।
अगम अगोचर अच्छर[8] अतरक, निरगुन अति आनंदा।
सदा अतीत ग्यांन धन वरजित[9], निरविकार अविनासी।
कह रैदास सहज सुन्न सति[10], जीवन मुकति निधि कासी।

1. माधौ भ्रम कैसें बिलाई, ताथें दुती भाव दरसाई, 2. द्वैतभाव दरसाई, 3. कुटक सूत पर, 4. भुजंग, 5. इति, 6. गतागत नाहीं, 7. निमय, 8. अच्छर, अक्षर, 9. विवर्जित, 10. सुयसत।

॥ 143 ॥

माधौ ! मुहिं इकु सहारौ तोरा।
तुम्हहिं मात पित प्रभ मेरो, हौं मसकीन अति भोरा।
तुम जउ तजौ, कवन मोहिं राखे, सहिहै कौनु निहोरा।
बाहाडंबर हौं कबहुं न जान्यौ, तुम चरनन चित मोरा।
अगुन सगुन दौ समकरि जान्यौ, चहुं दिस दरसन तोरा।
पारस मनि मुहिं रतु नहिं भावै, जग जंजार न थोरा।
कहि 'रैदास' तजि सभ त्रिस्ना, इकु राम चरन चित मोरा।

॥ 144 ॥

माधो अविद्या हित कीन्ह[1],
ताते मैं तोर नाम न लीन्ह[2]।
म्रिग मीन भ्रिंग पतंग, कुंजर एक दोस विनास।
पंच व्याधि असाधि यह तन[3], कौन ताकी आस[4]।
जल थल जीव[5], जहां तहां लौं, करम बा संग जाइ[6]।
मोह पास असाध बाधा[7], करिये कौन उपाई।
त्रिगुन[8] जोनि अचेत भ्रम भरमे[9], पाप पुन्न असोच[10]।
मानवा औतार[11] दुरलभ, तिहुं संगति[12] पोच।
रैदास दास उदास तजि भ्रम[13], तपन तपु गुरु ग्यांन[14]।
भगत[15] जन भव हरन, परमानन्द करहु[16] निदान[17]।

---

1. माधौ जी तोर नांव न लीना, कछू कछू अविद्या हित कीना, अहित कीन। 2. तातै विवेक दीप मलीन, 3. तागहि, 4. ताकी केतक आस, 5. जीवजंत, 6. करम पासा जाइ, करम न या सन जाइ, 7. अवद्ध वाध्यो, मोह वंध, अवध बाध्यो, 8. त्रिगद, 9. नाहिं 10. नै जिय सोच, 11. मानुषावतार, 12. संकट, 13 मनभौं, अनभै, 14. जप तप न गुरु ग्यान, 15. भनत, 16. कहियत ऐसे परम, 17. ऐसे परम निधान।

॥ 145 ॥

माधो ! संगति सरनि[1] तिहारी[2]।
जगजीवन क्रिस्न[3] मुरारी।[4]
तुम मखतूल गुलाब चतुरभुज[5] मैं बपुरो जस[6] कीरा।
पीव[7] डाल फूल फल रस, अम्रित, सहज भई मति हीरा।
तुम चंदन हम, अरंड[8] बापुरो, निकटि तुम्हारो बासा[9]।
नीच बिरिछ[10] ते ऊंच भये हैं, तेरी बास सुबासा[11]।
जाति भी ओछी, जनम भी ओछा, ओछा करम[12] हमारा।
हम सरनागति[13] राम नाइ को, कहि रैदास चमारा[14]।

---

1. सत संगति सरति, 2. तुम्हारी, 3. राम, 4. हम औगुन तुम उपकारी, 5. परमपद, 6. जस्न, 7. सत संगति मिलि रहिये, माधव जैसे मधुप न खीरा, 8. एरण्ड, रण्ड, 9. संग तुम्हारे बासा, निकटि तुम्हारी बासा, 10. वूट, 11. गंध, सुगंध, सुवास निवासा, तेरी बास सुबासन बासा, 12. कसब, 13. संसागति, रैदास, 14. विचारा।

॥ 146 ॥

माया मोहिला काहां,
मैं जन सेवक तेरा।
संसार प्रपंच में व्याकुल परमानंदा[1],
त्राहि-त्राहि अनाथ नाथ गोविंदा।
रैदास बिनवै कर जोरीं, अबिगत[3] नाथ कवन गति मोरी।

---

1. रामानन्दा।

॥ 147 ॥

भ्रिंग मीन पतंग कुंचर, एक दोष विनास।
पंच दोख असाध जा महि, ता की केतक आस।
माधो अविदिआ हित कीन, विवेक दीप मलीन।
त्रिगद जोनि अचेत सम्भव, पुनं पाप असोध।
मानुषा अवतार दुरलभ तिही, संगति पोच।
जीउ जंत जहां जहां लगु, करम के बसि जाइ।
काल फांस अबध लागे, कछु न चलै उपाई।
'रैदास' दास उदास तजु भ्रमु, तपन तपु गुर गिआंन।
भगत जन भै हरन परमानन्द, करहु निदान।

॥ 148 ॥

मिलत पिआरो प्राननाथु, कवन भगति ते।
साध संगति पाई, परम भगते।
मैले कपरे कहां लउ धोवउं, ओवगी नींद कहां लगु सोवउ।
जोइ जोइ जोरिऔ सोई काटिओ, झूठै बनजि उठि गई हाटिऔ।
कहु 'रैदास' भइऔ जब लेखो, जोई कीनौ सोइ सोइ देखिऔ।

॥ 149 ॥

मुकुंद मुकुंद[1] जपहु संसार[2], बिनु मुकुंद तनु हौइ अउहार।
सोई मुकुंद मुकुति का दाता, सोई मुकुंद हमरा पित[3] माता।
जीवत मुकुंदे मरत मुकुंदे, ताके सेवक कउ सदा अनंदे।
मुकुंद मुकुंद हमारे प्रान, जपि मुकुंद मसतकि नीसान।
सेवा मुकुंद करै बैरागी, सोइ मुकुंद दुरबल[4] धनुलाधी।
एक मुकुंद[5] करै उपकारु, हमरा कहा करै संसारु।
मेटि[6] जाति हुये दरबारी, तुही मुकुंद जोग जुग तारी।
उपजिओ गिआंनु हुआ परगास, करि किरपा लीन्हें करि दास[7]।
कहु 'रैदास' अब त्रिस्ना[8] चूकी, जपि मुकुंद सेवा ताहू की।

1. मुकुन्द, 2. संसार, 3. पिता, 4. दुर्बल, 5. मंकुद, 6. मेरीए, 7. कीटदास, 8. तृसना।

॥ 150 ॥

मेरी प्रीति गोपाल[1] सौं जिनि[2] घटै हो।
मैं मोलि[3] महिगैं लई तन सटै हो।
रिदै सिमरन करौं, नैन अवलोकनो, स्रवनां हरिकथा पूरि[4] राखौं।
मन मधुकर करौं चरनां चित धरौं, राम रसाइन रसना चाषौं[5]।
साध संगति बिन भाव नहीं उपजै, भाव बिन भगति क्यों होइ तेरी।
कहि[6] 'रैदास' राजा राम सुन बिनती, गुरप्रसादि क्रिपा[7] करौ न देरी।

---

1. जी, 2. जनि, 3. खरा, 4. सुनि, 5. राम चरना भजौ मनकरौ मधुकर, राम रस संदा रसना चाखौ, 6. बंदत, 7. कृपा, किरपा।

॥ 151 ॥

मेरी संगति पोच-सोच दिन[1] राती,
मेरा करम कुटिलता जनम कुभांती[2]।
राम गुसइयां, जीउ[3] के जीवना,
मोहिं न बिसारेहु[4], मैं जनु तेरां
मेरी हरहु बिपति जन करहु सुभाई,
चरन[5] न छाड़हुं सरीर कल जाई।
कह रैदास परलु[6] तेरी सामा,
बेगि मिलहु जनि करि बिलामा[7]।

1. दिनु, 2. कुमौनी, 3. नीय, 4. बिसारेर, 5. चरण, 6. परउ, 7. बिलोबा।

॥ 152 ॥

मैं बेदीन कासनि[1] आंखू, हरि बिनु जीवन कैसे राखूं[2]।
जिव तरसे इक गंग बसेरा[3], क़रहु संभालन[4] सुर मुनि मेरा।
विरह तपै तन अधिक जरावै, नींद न आवै भोज न भावै।
सखी सहेली, गरब गहेली, पीउ की बात न[5] सुनहु सहेली।
मैं रे दुहागिनि अघ कर[6] जानी, गया सो जोबन साध न मानी।
तूं साईं और साहिब मेरा[7], खिदमतगार बंदा मैं तेरा।
कह रैदास अंदेसा येही, बिन दरसन क्यों जीवहि[8] सनेही।

---

1. का सनि, 2. हरि बिन जिव न रहै कस राखूं, 3. दंग बसेरा, 4. संभाल न, 5. बातन, 6. अधकर, 7. मैं दाना भाई साहिब मेरा, 8. जीव।

॥ 153 ॥

मैं का जानूं देव मैं का जानूं[1],
मन माया के हाथ बिकानूं[2]।
चंचल मनुआ[3] चहुं दिसि धावै, पांचो इन्द्री थिर न रहावै[4]।
इन मिलि मेरो मन जु बिगारियो, दिन-दिन हरि सूं अन्तर पारयो[5]।
तुम तो आहि जगत गुरु स्वामी, हम कहियत, कलजुग के कामीं
कहा कहौं मेरी[6] सुक्रित बड़ाई, लोक लीक[7] मो पै तजी न जाई।
सनक सनंदन महामुनि ग्यांनी, सुक नारद[8] व्यास इहै बखानी।
गावत निगम उमापति स्वामी, सेस सहसमुख कीरति गामीं
जहां जाऊं तहां दुःख की रासी[9], जो न पतियाइ साधु है साखी।
जम दूतन बहु विधि करि मार्‌यो, तऊं निजल[10] अजहूं नहिं हार्‌यो।
हरिपद विमुख आस नहिं छूटै, ताथै त्रिस्ना[11] दिन-दिन लूटै।
बहुविधि करम लिए भटकावै, तुमहि दोस[12] हरि कौन लगावै।
केवल राम नाम नहिं लीया, संतति[13] विषय स्वाद चित दीया।
कह रैदास कहा लगि कहिये, बिन रघुनाथ[14] बहुत दुःख सहिये।

---

1. जानों, 2. बिकानौं, 3. मनवां, 4. ताथैं जनम-जनम दुष पावै, 5. इन पांचौ न मेरो मन जु बिगार्‌यो, प्रलय लहरिजासौं अंतर पार्‌यो, 6. लोक वगद मेरे, 7. लोक-लोक, 8. सुक नारद अरु व्यास यह जो बखानी, 9. जहां जहां जाऊं तहां दुःख की रासी, 10. तऊ निलज मन अजहूं न हार्‌यो, 11. तृष्ना, 12. दोष, 13 सतित, 14 जगनाथ।

॥ 154 ॥

मरम कैसे पाइब रे[1]।
मो सों कोऊ न कहै समुझाई[2], जाते आवागमन[3] बिलाई।
बहु विधि धरम निरुपिये, करता दीसै[4] सब कोई[5]।
जेहि धरमें भ्रम छुटिहै[6], सो धरम न चीन्हें कोई[7]।
करम अकरम विचारिये, सुनि-सुनि वेद पुरान[8]।
संसा सदा हिरदै बसै, हरि बिन कौन हरै अभिमान[9]।
बाहर उदक पखारिये, घट भीतर विविध विकार[10]।
सुचि[11] कवन विधि होइये[12], सुच कुंजर विधि व्यौहार।
सतजुग त्रेता तप करते[13], द्वापर पूजा अचार[14]।
तिहुं जुगी तीनो द्रिष्टि[15], कलि केवल नाम अधार।
रवि परगास रजनी तथा[16] गति जानत सभ संसार[17]।
पारस मानों तांबो छुये[18], कनक होत नहिं बार।
....[19]
धन जोवन हरि ना मिले, दुःख दारुन अधिक बिकार[20]।
एकै एक वियोगिया, ताके जानै सब संसार[21]।
अनेक जतन करि टारिये[22], टारे न टरे भ्रम फांस।
प्रेम भगति नहिं उपजै तातें, जन रैदास उदास।

---

1. पारु कैसे पाइबोरे, 2. पंडित कौन कहै समझाई, 3. मेरो, 4. देखै, 5. लोई, 6. कवन करम ते छूटिये, जिहि घर में तू छटिहै, 7. जिहि साधे सब सिध होइ, 8. संका सुनि वेद पुरान, सुनि स्मृति बेदपुरान, 9. कवन हिरै अभिमानु, 10. बाहर मूंदि के खोजिये, घर भीतर विविध विकार, 11. सुध, 12. होइबो, होहिंगे, 13. सत जुग सत मेता जगी, सतजुगी, सत तेता जुगी, 14. पूजा चार, 15 हढ़े, ढिढ़े, 16 रतन जथा, 17. उगत दीखै संसार, योंगत दीसै संसार, 18. पारसमणि तखों छिपा, 19. परम पास गुरु भेटिए पूरब लिखत लिलार। अमर मनही मिले छुटकत बजर कपाट, 20. भगति जुगति मति सति करि, भ्रम बंधन काटि बिकार, 21. सोइ-बसि मन मिले, गुन निरगुन एक विचार, 22. निग्रह कीये।

* 19.आधार हस्तलेख में पंक्ति नहीं है।

॥ 155 ॥

यह अंदेस सोच जिय मेरे[1],
निसि-वासर गुन गांऊ तेरे।
तुम चिंतत मेरी चिंतहु[2] जाई,
तुम चिंतामनि हौं इक नाई[3]।
भगत हेत का का नहिं कीन्हां[4],
हमरी बेर भये[5] बल हीना।
कह रैदास दास अपराधी,
जेहि तुम द्रवहु सो भगति न साधी।

---

1. मोरे, 2. चिंता, 3. तुम चिंतामणि होउ कि नाहीं, 4. भगत हेत का नहिं कीन्हां, 5. श्रये।

॥ 156 ॥

या रामा येक तूं दाना, तेरा आदि भेष ना।
तूं सुलतान-सुलताना, बंदा[1] सकिस्ता अजाना।
मैं बेदियानत न नजर दें[2] दरमंद[3] बरखुरदार।
बे अदब बदबखत बौरा[4], बे अकल बदकार।
मैं गुनहगार गुमराह[5] गाफिल, कमदिला करतार[6]।
तूं दरकदर[7] दरियाव दिल, में हिरसिया हुसियार।
यह तन हस्त खस्त खराब, खाातिर अंदेसा बिसियार।
रैदास दासहि बोलि, साहिब देहु अब दीदार।

---

1. वंदा रुक तिरजाना–गु.ग.ना., 2. बदनजर, 3. नरबंद, 4. वीरा, 5. गरीब, 6. दिलतार, 7. तू कादिर।

॥ 157 ॥

ये सार कवन[1] विधि तिरिहौं, जे दिठ नांव गहे रे।
नांव छाड़ि जे डुमैं बसै, तो दूंजा दुख[2] सहै रे॥
गुरु को बद अरु सुरति कुदाली, खोदत[3] कोई[4] लहो रे।
राम कहूं के बाटे न आयो, सोने कूल बहै रे।
कहै रैदास राम जपि रसनां, माया काहूं के संती न रहै रे।

---

1. कौन, 2. दुष, 3. षोदत, 4. कोऊं।

॥ 158 ॥

रथ को चतुर चलावन हारो।
खिन हांके खिन ऊं भौ राखै[1], नहीं आन को सारौ।
जब रथ रहै सारथि थाकै, तब को रथहि चलावै।
नाद बिंद सबै ही थाकै[2], मन मंगल नहिं गावै।
पांच तत को यह रथ साज्यो, अरधै उरध निवासा[3]।
चरन कमल ल्यो लाइ रह्यौ है, गुन गावै रैदासा।

1. उमरै, 2. नाद, विंद ये दोऊ थाके, ये 3. अर्धे उर्ध्व निवासा।

॥ 159 ॥

राम गुसईयां जीअ के जीवनां, मोहि न बिसारहु मैं जनु[1] तेरा।
मेरी संगति सोच पोंच दिनु राती, मेरा करमु कुटिलता जनमु कुभांती[2]।
मेरी हरहु बिपति जन करहु सुभाई, चरन न छाड़उं[3] सरीर कल जाई।
कहु रैदास परउ[4] तेरी सामा, बेगि मिलहु जन करि न बिलांबा[5]।

---

1. जन, 2. कमांती, 3. छाड़ौ, 4. परौं, 5. बिलंबा।

॥ 160 ॥

रांम के चरणारबिंद[1] सिव समाध लागी।
सिव समाध लागी, कोई जाणत[2] बड़भागीं
रहत नगंन[3] फिरत मगन, संकर बैरागी।
औरां कूं दांन देत, आप रहत त्यागीं
जटा सीस[4] बड़ौ ईस, संगि गबर बाला।
अंतर में ध्यान धरै, संकट मतवाला।
तीन नैन अमृत[5] बैन, सीस गंग धारीं
कोटि कलप[6] अलप[7] ध्यांन प्रेम मंगलकारीं
अैसे महेस बिकटि भेस[8], अजहूं चरन आसा।
हौं तोहि किम छांड़ूं, प्रभु गावै 'रैदासा॥

---

1. चरनाविंद, 2. जानत, 3. नग्न, 4. शीश, 5. इम्रत, आम्रित, 6. कल्प, 7. अल्प, 8. मोष।

॥ 161 ॥

राम जन हूं भगत कहावऊं[1] सेवा करुं न दासा।
जोग जग्य गुन कछु न जांनू[2], ताते रहूं उदासा।
भगत हुआ तैं[3] चढ़ै बड़ाई, जोग करूं जग मानै।
गुंनी हुआ तै गुनी जन कहै, गुनी आपकूं आनै[4]।
ना मैं ममता मोह न महिमा[5] ये सब जांहि बिलाई।
दोजख भिस्त दोऊ समकरि जांनू[6], दुहूं ते तरक है भाई।
मैं तैं[7] ममिता देखि सकल जग, मैं से मूल गंवाई।
जब मन ममिता एक-एक मन, तबहिं एक है भाई।
क्रिस्न करीम राम हरि राघव, जब लगि एक न पेखा[8]।
वेद कतेब कुरान पुराननि सहज एक नहिं देखा[9]।
जोइ जोइ पूजिय[10] सोइ सोइ कांची, सहजभाव[11] सति होई।
कह रैदास मैं ताहि को पूजूं, जाके ठांव नांव नहिं कोई[12]।

---

1. राम भगत को जन न कहाऊं, 2. गुनी जोग जन कहू न जांनू, 3. तो, 4. तानै, 5. महिया, 6. दोजख भिस्त दोउ सम जांनू, 7. मैं ते, 8. जब लगि एक-एक नहिं देखा। 9. वेषा, 10. जोइ-जोइ करि पूजिए, 11. भाई, 12. जाके गांव-ठांव नहिं कोई।

॥ 162 ॥*

राम मैं[1] पूजाकहां चढ़ाऊं, फल अरु फूल अनूप न पाऊं।
थनहर दूध जो बछरु जुठारी[2], पहुप भंवर जल मीन बिगारी।
मलयागिरी[3] बोधियो मुअंगा, विख अम्रित दोऊ एकै संगा।
मन ही पूजा, मन ही धूप, मन ही सेऊं सहज सरूप[4]।
पूजा अरचा न जांनू[5] तोरी[6], कह रैदास कवन गति मोरी।

* यह पद पाठान्तर सहित दो बार आ चुका। लेकिन *मन ही पूजा*—पंक्ति नयी है। अतः इसे स्वतंत्र पद माना गया। इसमें संबोधन राम भी अलग है। इसे भिन्न पीठ का पाठ माना गया।

---

1. रामहि, 2. बछा बटाऱ्यो, अनुपम, 3. मलियागर, 4. धूप दीप नई वेदहि बासा, कइसे पूज करहिं तेरी दासा, 5. राम, 6. न जानौ राम तेरी।

॥ 163 ॥*

रे चित चेत अचेत काहे[1], बाल्मीकहिं[2] देखि रे।
जाति से कोउ पद नहिं , हरि पहुंचा[3] राम भगति विसेख[4] रे।
षटक्रम सहित जे विप्र होते[5], हरि भगति चित भगति चित द्रढ़ नाहिं रे।
हरि की कथा सुहाय नाहीं[6], सुपच तुलै ताहि रे।
मित्र[7] सत्रु अजात सब ते[8], अंतर लावै हेत रे।
लोक बाकी[9] कहां जाने, तीन लोक पेवत[10] रे।
अजामिल[11] गज गनिका तारी, काटी कुंजर की पास रे।
ऐसे दुरमति मुकति[12] किये[13] तो क्यों न तिरै रैदास रे।

* यह पद आंशिक रूप से अन्यत्र आया। इसे पूर्ण पद माना गया।

---

1. रे चित चेति घेति अचेत, काहे बालमीक कौ देषि रे। 2. बालक को, 3. किस जाती तें किहिं पदहीं अमर्‌यो, जाति थे कोउ पार न पहुंच्या, 4. बसे षरे, 5. षन्त कर्मकुल संयुक्त है, 6. चरनारविन्द न कथा भाखै, हरि कथा स्यौं हेत नाहीं, 7. स्वान समु सजाति ताते, स्वान सत्रु अजाति थै, 8. बपुरा, 9. प्रवेश, 10. पवित्त, 11. अधम जीव उधरे केते, 12. मुक्ति, 13. ऐसी दुरमति निस्तरै।

॥ 164 ॥

रे मन माछला संसार समुंदे, तू चित्र विचित्र विचारि रे।
जिहि गालै[1] गलियाही मरिए, सो संग दूरि निवारि रे।
जस है[2] डिगन, डोरि है कंकन, पर तिय लागौ जानि रे।
होइ रस लुबुध रमै यों मूरख, मन पछितावै अजान रे[3]।
पाप गुन्यो है धरम निबौली[4], तू देखि-देखि फल चाखि रे।
परतिय संग भलौ जो होवे, तो रामौ रावन देखि रे[5]।
कह रैदास रतन फल कारन, गोविंद का गुन गाइ रे।
काच्यो कुंभ भर्‌यो जल जैसे, दिन-दिन घटतो जाइ रे।

---

1. गालौ, 2. है, 3. न्याणि रे, 4. पाप गुलीचा, धरम निबोली, पांच मिल्यो छै धर्म निबोली, 5. तौ राजा राव न देख रे।

॥ 165 ॥

रे मन राम नाम सँभारिं
माया के भ्रम कहा भूलौ[1] जाहिगौ कर झारि।
देखि धौं[2] इहां कौन तेरो[3], संगौ सुत नहिं नारि[4]।
तोरि तंग[5] सब दूरि करिहैं[6] दैहिगे तनु जारि[7]।
प्रान गये कहु कौन तेरो[8], देखि सोचि बिचारिं
बहुरि इहिं कलिकाल माहीं[9], जीति भावै हारिं
यहु माया सब थोथरी रे, भगति कौ[10] प्रतिपारि।
कहै रैदास सति वचन गुरु के, सो जीव ते न बिसारि[11]।

---

1. भूल्यो, 2. धूं, 3. तेरा, 4. सारि, 5. संग, 6. करिहैं, 7. देह गेह न जारि, 8. तेरा, 9. मानहिं, 10. दिसि, 11. टारि।

॥ 166 ॥

रे पायो रे राम अमीरस[1]।
रस जिनि मगन ह्वै रहिया, ररंकार राखे[2] नित रसना।
इहु रस पीव राम रस बड़ौ अप्पु[3] मगन रहि ह्वै दिन रैना।
लोक रस लागि विसै विस[4] देही, मनो[5] राम भौजल[6] नहिं बहना
अभिअंतर भजौ नित अविगत, इहि उपाइ अतिरं भौ तरना।
चिंतामनि[7] लाल हाथै जै चढ़ियौ, हुवौ उजास तिमिर नहिं रहना।
भज रैदास राम नित रसना, दुलभ[8] जनम विरथा नहिं गवना।

---

1. अमी रस, 2. राषे, 3. आपु, 4. विषै विष, 5. मणो, 6. भव जल, 7. चिंतामणि, 8. दुरलभ

॥ 167 ॥

रे मन ! चेत मीचु दिन आया, तो जग जालन भया पराया।
कानि सुनै, न नजरि दीसै, जीहा[1] थिरु न रहाई।
मुंड रु तन थर-थर कंपई, अंतहु बिरियां पहुंचौ आई।
केसौ सेतह पिंकु भये सबु, तन मन बल बिलमाया।
मध्यान गयौ जुरा चलि आई, अजहूं जग रह्यौ भरमाया।
पानी गयो पलु छीजै काया, यहु तन जरा जराना।
पांचौ थाके जरा जरु सानै, तौ रामह मरमु न जाना॥
हंस पंखेरु चंचलु माई, समुझि पेखि[2] मन मांहि।
प्रतिपलु मीचु गरासै देही, फुनि[3] रैदास चेतहुं नांहि॥

1. जिह्वा, 2. पेषि, 3. पुनि।

॥ 168 ॥

लज्या[1] मोरि राखो[2] श्याम[3] हरी।
हरि हरि क्रिपा[4] उत्तरै द्रोपति, बिलमु[5] न करौ हरी।
कीनी करनु दुसासन मोसों, गहि केसन पकुरी।
पापी सभी दुस्ट[6] दुरजोधन, चाहत नगन[7] करी।
ना सुत भ्राति[8] न मीत कुटुंबहि, एको ओट तुमरी।
अरजन[9] भीम महाबलि जोधे, तिनसों किछु[10] न सरी।
बसन प्रवाहित किओ करुनानिधि, तबहिं धीर धरी।
कहि 'रैदास' सिंह[11] सरनागति, स्याल[12] की कहा डरी॥

1. लज्जा, 2. राख्यो, 3. स्याम, 4. किरपा, कृपा, 5. बिलंबु, 6. दुष्ट, 7. नग्न, 8. भ्रात, 9. अर्जुन, 10. कछु, 11. सींह, 12. स्यार।

॥ 169 ॥

संत उतरै आरती, देवसिरोमनि मानिये[1]।
उर अंतरि तहां पैसि[2], बिन रसना भजिये।
मनसा मंदिर, माहिं धूप धुपाइये[3]।
प्रेम प्रीति की माल राम[4] चढ़ाइये।
चहुँ दिसि दिउरा बारि, जगमग हो रहिये[5]।
जोति जोति सम जोति, हिलमिल हो रहियै[6]।
तन मन आतम बारि, तहां[7] हरि गाइये।
भनत जन रैदास, तुम[8] सरना आइये।

---

1. देव सिरोमनिए, 2. बैसे, बसै, 3. मनसा मंदिर, धूप धूपाइए, 4. प्रभु, 5. ह्वै रह्यो रे, ऐ, 6. मैं हिल मिल ह्वै रहो रे, 7. सदा, 8. तुम्हारी।

॥ 170 ॥

संत तुझी तनु संगति प्रान, सतिगुर गिआंन[1] जानै संत देवादेव।
संत ही[2] संगति, संत कथा रसु, संत प्रेम मोहि[3] दीजै देवादेव।
संत आचरन, संत सो मारग, संत ही स्रे[4] लागै लगनि[5]।
अउर इक मांगउ[6] भगति चिंतामनि, जनि लखावहु[7] असंत पापी सनि।
रैदास भनै जो जाने सो जानु[8], संत अनंतहि अंतरु नाहिं।

---

1. ज्ञान, 2. संत की, 3. संत मांझे, 4. चों, 5. संत, च ओल्हग ओल्हगणी, 6. और एक भाव, 7. जनि लागे, 8. सो जस।

॥ 171 ॥

संतो अनिन भगति यह नाहीं।
जब लगि सतरज, तुम तीनो गुन[1] व्यापत है या माहीं।
सोइ आनि जू हरि बिच अंत अपमारग को तानै।
काम, क्रोध, मद, लोभ, मोह की, पल-पल दूजा ठाँनै।
सत्य[2], सनेह, इष्ट अंग लावै अस्थल-अस्थल खेलै[3]।
जो कछु मिलै आन आखर[4], सो[5] सुत दारा सिर मेलै।
हरिजन हरि बिनु[6] और न जानै, तजै आन तन त्यागी।
कह रैदास सोइ जन न्रिमल, निस दिन जिन[7] अनुरागी।

---

1. जब लगि सत, रज, तम, पांचो गुन, जब लग सिरजत मन पांच्यो गुन, 2. सक्ति, 3. स्थल-स्थल खेलै, 4. आखत, आखर, 5. ज्यूं, 6. हरिहि, 7. जो।

॥ 172 ॥

संतो कुल पखी[1] भगति ह्वैसी, कलिजुग मैं निपख[2] विरला निबहैसी,
जांनि[3] पिछांनि[4] हरसि[5] मन हुलस्यौ, बिन पिछांनि[6] मिलतां मुरझासी।
अपस्वारथ परमेधि दष्यादे, परमारथ न दिढ़ासी।
बिन बिसवास बांझ रति जइसै हरि कारनि क्यूं[7] रासी।
भाव भगति हिरदै नहिं आसी, विसय[8] लागी सुख पासी।
कहि रैदास पूरा गुर पावै, स्वांग को स्वांग दुखासी[9]।

---

1. पबी, 2. निरपष, 3. जांवि, 4. पिछांणि, 5. हरषि, 6. पिछाणि, 7. क्यों, 8. विषय, 9. दुषासी।

पिछानि–पहचान

॥ 173 ॥

सतगुर हमहु लखाई[1] बाट।
जनम पाछले पाप नसाने, मिटिगौ सबु संताप।
बाहरि खोजत[2] जनम गंवाए, अनमनि ध्यांन रहे घट आप।
सबद अनाहद बाजत घट मंह, अगम गिआंन[3] मौ गुर परताप।
धन दारा मंह रहियो मगन नित, गुनो[4] मिचु कौ ताप।
कहि 'रैदास' गुरु रह दिखावइ[5] लिखा[6] बुझि, मिटि मन संताप॥

---

1. लषाई, 2. खोजत, 3. ग्यान, 4. गुन्यो, 5. विषावइ, 6. त्रिषा।

॥ 174 ॥*

सत रज तम माया धनी, चेतन को प्रतिमास।
कर्ता[1] हर्ता[2] जगत कौ, भजै ताहि रैदास॥
तत पटु दीन दयाल ह्वै, कहियतु विस्व निवासु।
जासों आतम परगास[3] है, भजे ताहि रैदास।
नेति नेति नित्त कहत है, स्त्रुति, सुमरिति तासु।
संसा सिगरेउ छाड़ि करि, भजै ताहि रैदास॥
जगु आपा समुझइ नहिं, मिथ्र्या मंहे निदिधियास।
जह किरपा[4] आपा मिट्यौ, भजै ताहि रैदास॥

* यह रचना दोहों में है। परवर्ती जान पड़ती है।

---

1. करता, 2. हरता, 3. प्रगास, 4. क्रिया।

॥ 175 ॥

सतजुगि सतु त्रेता जुगी, दुआपरि पूजाचार।
तीनौं जुग तीनौं दिठे, कलि केवल नाम अधार॥
पारु कैसे पाइबो रे, मो संउ कोउ न कहै समझाई॥
जा ते आवागमनु बिलाई।
बहु विधि धरम निरुपीऐ, करता दीसै सम लोइ।
कवन करम ते छूटिए, जिह साधे सम सिधि होइ॥
करम अकरम बीचारिए, संका सुनि वेद पुरान।
संसा सद हिरदै[1] बसै, कउनु हिरै अभिमानु॥
बाहर उदकि पखारिए[2], घट भीरितरि विविध विकार।
सुध कवन पर होइवो, सुच कुंचर विधि बिउहार॥
रवि परगास[3] रजनी जथा, गति जानत सभ संसार॥
परसमानों तांबो छुए, कनक होत नहीं बार।
परमा पारस गुरु मेटिए, पूरब लिखत लिलार।
उनमन मन मन ही मिले, छुटकत बजर कपाट।
भगति जुगति मति सति करि, भ्रम[4] बंधन काहि बिकार।
सोई रसि बसि मन मिले, गुन निरगुन[5] एक विचार।
अनिक जतन निगरह[6] किए, आरी न टरै भ्रम[7] फांस।
परेम[8] भगति नहीं ऊपजै, ताते रैदास उदास॥

1. हिरदै, 2. पषारीऐ, 3. प्रगास, 4. भरम, 5. निर्गुन, 6. निग्रह, 7. मरम, 8. प्रेम।

॥ 176 ॥

सति बोलै सोई सतवादी, झूठी बात बची रे
पांडे कैसे पूज रची रे।
जो अविनासी सबका करता, व्यापि रह्या सब ठौर रे।
पंच तत कीया पसारा, सो योही किधो और रे।
तू जो कहत है यो हीं करता, थामें मनिस[1] करे रे।
तान[2] सिकति सती नै यामे, तो आपन[3] क्यूं न सिरे रे॥
अही भरोसे सब जग बूझछ, गुनि पंडित की बात रे।
याके दरसि[4] कौन[5] गुन[6] छूटा, सब जग आया जान रे।
याकी सेव सूल नहीं भीजै, कटै न संसै पासि रे।
सोचि विचारि देखिया[7], सूरति यों छाड़ि रैदास रे।

---

1. मनिष, 2. तांण, 3. आंपण, 4. दर्सि, 5. कोण, 6. गुण, 7. देषिया।

॥ 177 ॥

समुझि मन नित निरमल[1] जस गाई।
रघुपति प्रभ के चरन[2] सरन[3] तजि, अनत किहुं जिनि जाई।
यहु संसार सघन वन विस[4] कौ, ता मैं बहु दुःख दन्द व्यालाई।
रूप खन[5] के उनमुखि[6] मानुसा[7] पतंग पड़े जिमि आई।
काम कलेस परथमि[8] जग पासि, कोउ न गयौं सचु पाई।
ता मैं चैन किमि तू हुलसै, सुनि[9] मूरिख[10] सति माई।
सदा संताप, नहिं नर निहचल, किमि छूटिहि इहु काई।
कहै 'रैदास' भजौ हरि चरना[11] तज जग फंद अमी रस पाई।

1. निर्मल, 2. चरण, 3. सरण, 4. विष, 5. रवण, 6. उनमुषि, 7. मानुषा, 8. प्रथमि, 9. सुणि, 10 मूरषि, 11. चरणां।

॥ 178 ॥

सुख की सार सुहागिनि जानै, तजि अभिमानु सुख[1] रलियाँ मानै।
तनु मनु देह न अंतरु राखै[2], अपरा देखि[3] न सुनै अमाखै[4]।
सो कत जानै[5] पीर पराई, जाके अंतरि दरदु न पाई।
दुखी[6] दुहागनि दुइ पख[7] हीनी, जिनि नाह निरंतरि भगति न कीनी।
स्वामि प्रेम का पंथ दुहेला, संगी न साथी गवनु इकेला।
दुखीआ[8] दरदुबंद दरि आइआ, बहुत पिआस जवानु[9] न पाइआ।
कहि रैदास सरनि[10] प्रभ तेरी, जिउ जानहु तिउ करु गति मेरी।

---

1. सुष, 2. राषै, 3. देषि, 4. अमापै, 5. जांणै, 6. दुषी, 7. फष, 8. दुषीआ, 9. जवाणु, 10. सरणि।

॥ 179 ॥

साधौ ! का सास्त्रन सुनि कीनौ।
अनपायनी भगति नहीं साधी, मुखै[1] अंन न दीनौ ॥
काम न विसर्‍यौ ड्यंभ न त्यागी, लोभु न विसर्‍यौ देवा।
पर निंदा मुख[2] तै नहिं छाड़ी, निफ़ल भई सबु सेवा ॥
बाट पाड़ि घर मूसि परायौ, उदरि भरयौ अपराधी।
ह्वै अपराधी केसो न सिमरियौ, इहु अविद्या साधी ॥
हरि अरपन करि भोजन कीनौ, कथा कीरत नहीं जानीं।
राम भगति बिन मुक्ति न पावै, अमर जीव गरावै प्रानी ॥
चरन[3] कंवल अनराग न उपज्यौ, भूत दया नहीं पाली।
रैदास पभु साध संगति मिलि, पूरन[4] ब्रह्म सदा प्रतिपाली ॥

1. मुषे, 2. मुष, 3. चरण, 4. पूर्न।

॥ 180 ॥

सब कुछ करत न कहौं कछु कैसे[1],
गुन विधि[2] बहुत रहत ससि जैसे[3]।
दरपन गगन अनिल अलेप जस,
गंध जलधि प्रतिविंब देखि[4] तसं
सब आरंभ अकाम अनेहा[5],
विधि निसेध कियो अनेकहा।
यह पद कहत सुनत नहिं[6] भावे,
कह रैदास सुक्रित को पावे।

1. सब कुछ करत कहौ कछु कैसे, 2. गुन निधि, 3. रहत सम जैसे, 4. देषि, 5. सनेहा, 6. जेहि।

॥ 181 ॥

सु कछु विचारयो, ताथैं मेरो मन थिर ह्वै रहयो[1]।
हरि[2] रंग लागौ, ताथैं[3] मेरो बरन पलटि भयो।
जिन[4] यह पंथी चलावा, अगम[5] गवन में गम दिखलावा।
अबरन बरन कथैं जिनि कोई, घटि घटि व्याप रहयो हरि सोई[6]।
जिहि पद सुर नर प्रेम पियासा, सो पद रमि[7] रहयो जन रैदासा।

---

1. सु कछु विचार्‌यो ताथे मेरे विरह गया, 2. हारे राम, 3. तब, 4. धनि, बिन, 5. आगम, 6. होई, 7. राम।

॥ 182 ॥

सुख सागरु सुरतर[1] चिंतामनि कामधेनु बस जाके।
चारि पदारथ असर महासिधि[2], नवनिधि करतल ताके॥
हरि हरि हरि न जपहिं[3] रसना, अवर सम छांड़ि[4] वचन रसना।
नाना[5] गिंआन पुरान वेद विधि, चउंतीस आखर[6] माठी॥
विआस विचारि कहियो परमारथु, राम नाम सरि नाहीं।
सहज समाधि उपाधि रहत, पुनि[7] बड़े भागि लिव लागी॥
कहि रैदास प्रगासु रिदें धरि[8], जनम मरन भै भागी॥

---

1. सुरितस, 2. दसासिधि, 3. जपस, 4. तिआगो, 5. नान, 6. अच्छर, 7. होइ, 8. उदास, दासमति।

॥ 183 ॥

सोइ उबरो जिहिं आपु निवाजत।
तारक ध्रुव कूं अंक राखि[1] हरि, खंभ[2] फारि प्रहलाद उबारत।
त्रास दई लंकेस अनुज कहं, सरनि राखि[3] प्रभ अभय उचारत।
खट[4] रस सजिअ सुजोधन के, हरि दास विदुर कौ मान बढ़ावत।
सबरी गीध अजामिल सदा, राम किरपा[5], गनका तरि जावत।
कवन कवन पापी जन तरिओ, कहि रैदास गनइ[6] नहिं आवत।

---

1. राषि, 2. षंभ, 3. राशि, 4. षट, 5. क्रिपा, 6. गनै।

॥ 184 ॥

हम सरि दीन, दयालु[1] न तुमसरि[2] अब पतिआइ कहा कीजै।
बचनी तोर मोर मन मानै, जन को पूरन दीजै।
हौ बलि बलि जाऊं रमइया कारने, और[3] कौन अबोल।
बहुत जनम बिछुरे थे माधव, इहु जनम तुम्हारे लेखे।
कहि रैदास आस लगि जीवौ, सिर भयो दरसन देखे।

---

1. दइयालु, 2. सारि, 3. कारन।

॥ 185 ॥*

हम घर आयहु राम भतार, गावहु सखि मिलि मंगलाचार।
तन मन रत करहिं आपुनो, तौ कहुं पाइहि पिव पिआर॥
पीतम कूं जौ दरसन पाए, मंन मन्दर मंह भयो उजियार।
हौं मड़ई तै नौ निधि पाई, क्रिपा[1] कीन्हीं राम करतार।
बहुत जनम तैं बिछुरे पिब पायो, जनम जनम बिलई रार।
कहि रैदास हौं कछु नहिं जानौं, चरन[2] कंवल मंह तुव मुरार।

* इस पंद का ध्रुवक सेतु कबीर के भी पद में मिलता है।

---

1. किरपा, 2. चरण।

॥ 186 ॥

हरि जपत तेऊ जना पदम कंवलास पति, ता समतुलि[1] नहिं आन कोऊ।
एक ही एक अनेक होइ विसरियो[2] आन रे[3], आन भरपूरि सोऊ।
जाकै भागवत लेखिये अवरु न पेषिए[4], तास की जाति आछोप छीपा[5]।
विआस[6] महि लेखिए, सनक महि[7] पेषिए[8] नाम की नामना सपत दीपा।
जाकै ईद बकरीद कुल गउ रे बधु करहिं,
मानि आहि सेख सहीद पीरा।
जाकै बाप वैसी करी, पूत ऐसी सरी, तिहरे लोक परसिध कबीरा।
जाके कुटुंब के ढेढ सब ढोर ढोवंत फिरहिं, अजहूं बनारसी आस पासा।
आचार सहित विप्र करहिं दण्डौति, तिन तनै रैदास दासानुदासा[9]।

---

1. तास समतुलि, ता सम तुलि, 2. विस्थर्‌यो, 3. आव रे, 4. सत्कर्महि पेखिए, 5. आछो पछीया, 6. सत्कर्महि, 7. मांहि, 8. पेखिए, 9. रविदासानुदासा।

॥ 187 ॥

हरि बिन नहिं कोइ पतित पावन[1], आनहि ध्यावै रे।
हम अपूज पूजि भये हरि तें, नांव अनूपम गावै रे।
अस्टादस व्याकरन बखानै, तीन काल षट जीता रे।
प्रेम भगति अंतरगति नाहिं, ताते धानुक नीका रे[2]।
तातें भलो स्वान को सत्रू, हरि चरन[3] चित लावै रे।
मूआ मुकत बैकुंठ वासा, जिवत[4] यहां जस पावै रे।
हम अपराधी नीच घर जनमें, कुटुम[5] लोक करै हांसी रे।
कह रैदास राम जपु रसना, कटै जम की[6] फांसी रे।

1. हरिजन, 2. तिकारे, 3. चरनन, 4. जवित, 5. कुटुम्ब, 6. जनम की।

॥ 188 ॥

हरि सुमिरे सोइ संत विचारौ।
अवरु जनम बेकाम राम बिन, कोटि जनम सौं उपरि वारौं।
हरिपद विमुख कुटिल मायारत, राम चरन[1] चितहु न सानै।
जिन मन मानु हउमैं* बसहिं, तिन जन संत कहौ किम मानै।
कपट ड्यंभ पर निंदा बूड़ौ, संत जनम भौ किल विसकारी[2]।
ज्यौं बरिसा[3] रुत बूंद उदधि मंह, आई मिलै सोई जल खारी।
तापर संगि सीप, स्वाति, नक्षत्र, मोति निपजत नीत ते न्यारौ।
कहि रैदास मोह मद त्यागौ, राम चरन[4] मन संत विचारौ।

---

1. राम चरण, 2. किल विषकारी, 3. बरिषा, 4. चरण।
* अहम।

॥ 189 ॥

हरि हरि हरि हरि हरि हरि हरे।
हरि सिमरत जन गए निसतरि तरे[1]।
हरि के नाम कबीर उजागर।
जनम जनम क काटे कागर।
निमत[2] नामदेउ दूधु पिआइआ[3]।
तऊ जग जनम संकट नहिं आइआ[4]।
जन रैदास राम रंगि राता।
इउं गुर परसादि नरक नहिं जाता[5]।

1. हरि सुमिरत जन गरु निस्तरै, 2. नमत, 3. पीआया, 4. आया, 5. गुरु प्रसादि नरक नहिं जाता।

॥ 190 ॥

हुसिआरी हुसिआरा रे।
मन जपि लै राम पिआरा रे।
गाढ़ि कांचा तसकर लागा रे, तूं काहे न जान अभागा रे।
नेत्र पसारि न देखै[1] रे, तेरा जनम मरन[2] केहि लेखे[3] रे।
जन[4] 'रैदास' राम मिलजै रे, कछु जागति पहरा कीजै रे।

---

1. देषै, 2. मरण, 3. लेषे, 4. मन।

॥ 191 ॥

है सब आतम सुख स्वयं प्रकास सांचो[1]।
निरंतर निराहार कलपति ये[2] पांचों
आदि मध्य[3] औसान एक रस, तार बन्यो हो भाई[4]।
थावर जंगम कीट पतंगा, पूरि रह्यौ हरि राई।
सिव न असिव, साध अरु[5] सेवग, ऊंभै भाव[6] नहिं होई।
सरवेश्वर स्रबांगी, सरबगति, करता हरता सोई।
धरम अधरम मोछि[7] नहिं बंधन, जरा मरन भव नासा।
द्रिस्टि अद्रिस्टि ग्येय[8] अरु ग्याता[9] एकमेक रैदासा[10]।

---

1. हे सब आतम सुख परकास सांचो, 2. येहि, 3. अंत, 4. एक तार ही माई, तार तूंव नहिताई। 5. अस, 6. उनैभाव, 7. मतेच्छ, मोच्छ, 8. ज्ञेय, 9. ज्ञाना, ज्ञाता, 10. एकमे कहै रैदासा।

॥ 192 ॥*

है सब आतम सुख परकास सांचो।
निरंतर निराहार कलपति ये पांचो॥
आदि मध्य औसान एक रस,
तार बन्यो हो भाई।
थावर जंगम कीट पतंगा,
पूरि रह्यौ हरि राई।
सर्वेशवर[1] सर्वांगी[2] सब गति,
करता हरता सोई।
सिव न असिव न साध अरु सेवक,
उनै भाव न होई।
धरम अधरम मोच्छ[3] नहिं बंधन,
जरा मरन भर आसा।
द्रिष्टि[4] अद्रिष्टि[5] ग्येय[6] अरु ग्याना[7],
एकमेव[8] रैदासा।

* 191 का भिन्न पाठ। बहुत कम अंतर लेकिन ग्रन्थन भिन्न परंपरा में।

---

1. सरवेस्वर, 2. सरवंगी, 3. मतेच्छ, 4. द्रिस्टि, 5 अद्रिस्टि, 6. ज्ञेय, 7. ज्ञाता, 8. एकमेक।

॥ 193 ॥

हौं बनिजारो राम को, हरि को टांडो लादै जाइ रे[1]।
राम नाम धन पायो, ताते सहज करौं व्यौपार रे।
औघट[2] घाट घनो घना रे, निरगुन बैल हमार रे।
राम नाम धन लाद्यो, ताथैं विख[3] लादौं संसार रे।
अनतहि[4] धन धर्यो, अनतहि ढूंढन जाइ रे।
अनत को धरो न पाइये, ताथैं चाल्यो मूल गंवाइ रें।
रैनि गंवाई सोय करि, दिवस गवायौ खाइ रे।
हीरा[5] यह तन पाइ करि, कौड़ी बदले जाइ रे।
साधु संगति पूंजी भई रे, वस्तु भई[6] त्रिमोल रे।
सहजे बरधवा[7] लादि करि, चहुं दिसि टांडो डोल रे।
जैसा रंग कुसुंभ[8] का, तैसा यह संसार रे।
रमइया रंग मजीठ का, भनै रैदास चमार रे[9]।

[भिन्न परम्परा का पाठ]

---

1. हरि को टांडो लादै जाइ रे, हौं बनजारो राम को सहज करौ व्यापार, मैं बनिजारों राम कौं, 2. औचट, 3. विप, 4. अंतहि, 5. हीरा, 6. लई, 7. बदरवा, बलदिया, 8. कसूब, 9. मपौ रैदास विचार रे, ताते मन रैदास विचार, कह रैदास चमार, विचार।

साखी

हरि सा हीरा छाँड़ि कै, करै आन की आस।
ते नर जमपुर जाहिंगे, सत भाषै रैदास॥

अनतरगति राचैं नहीं, बाहर कथै उदास।
ते तन जमपुर जाहिंगे, सत भाषै रैदास॥

रैदास कहै जाके हृदै, रहै रैन दिन राम।
सो भगता भगवन्त सम, क्रोध न व्यापै काम॥

जा देखै घिन ऊपजै, नरक कुंड में बास।
प्रेम भगति सों ऊधरे, प्रगटत जन रैदास॥

रैदास तूँ काँवच फली, तुझे न छीपै कोइ।
तैं निज नाँव न जानिया, भला कहाँ ते होइ॥

रैदास राति न सोइये, दिवस न करिये स्वाद।
अह-निसि हरिजी सुमिरिये, छाड़ि सकल प्रतिवाद॥

हरि हरि कहै हारै नहीं, बिसरि न सांसै सांस।
पापनि ते परत खसही, निरवरित जन रैदास॥*

सब सुख पावै जासु तें, सो हरि जू को दास।
कोउ दुख पावै जासु तें, सो न दास हरिदास॥

*गुणगंजनामा : हस्तलेख 1458 पृष्ठ 9

हरि गुर साथ समान चित, बिन आगम ततमूल।
इन बिच अन्तर जिमि परी, करवत सहन कथूल॥

ओघट घाट घनां घनां रे निर्गुण बैल हमार।
रांम नांम हम लादियौ ताथैं बिष लाधौ संसार॥

अनंतही धरती धन धर्यौ अनंतहि ढूंढन जाइ।
अनत कौ धर्यौ न पाईये ताथै चाल्यौ मूल गँवाई॥

रैणि गँवाइ सोइ करि धौंस गंवायो षाइ।
हीरा यहु तंन पाइ करि कोडी बदले जाइ॥

साध संगति पूजी भई बस्त लइ निरमोल।
सहज बल दिया लादि करि चहूँ टाँडो मोल॥

जैसा रंग पतंग का तैसा यहु संसार।
रमइया रंग मजीठ का ताथै भणि रैदास चमार॥

प्रहलाद चरित

(आधार प्रति प्राच्य विद्या प्रतिष्ठान (जोधपुर) संस्था 1882
तथा दादू महाविद्यालय हस्तलेख वि. सं. 1733 संख्या 12)

पुर पत्तन[1] मुलतांन तहां हिरनाकुंस राजा।[2]
पुत्र भये प्रहलाद सरै सबहिन के काजा॥[3]
जोसी जाय र पूछी यौ भये सुत राज
कुमार या बालक सम को नहीं ऐ असुर सिंघारन काज॥ 1 ॥
कै धौं रे प्रहलाद कहा गुन तू पढ्यौ ॥ टेक॥
पढ्यौ रांम कौ नांम आंन हिरदै नहि आंनौं[4]
र रौ म मौ दोय आंक और तीजौ नहिं जांनौ ॥[5]
कहा पढावै बावरे और सकल जंजाल॥
भौ सागर जम लोक मै मोहि कौंन उतारै पार॥ 2 ॥
राम गुण मैं पढ्यौ॥ टेक॥[6]
सुनि राजा परजरयौ रोस मन मैं अति कीनौं॥
मेरौ बैरी रांम सो तैं हिरदै धरि लीनौं॥
ऐ पढिबौ तू छाडि दै रे कहौ हमारौ मांनि॥
टूक टूक करि डारि हौं रे जब र सुनौं हरि कांनि॥ 3 ॥
जौ बरजै सो बार कह्यौ तेरौ नहि मांनौ॥
छांडि सिंध की सरन गीध कै गवनिन(?)[7] लागौ॥
पूरन ब्रह्म सकल मई जा कौ ऐ। बिसतार॥
जा कै रांम सहाये हैं ताहि कौंन सकगौ(?)[8] मारि॥ 4 ॥
सभा लई बुलाइ कहौ धौं कहा बिचारौ॥
लै देषौ परतीति जाय गिर वर तैं डारौ॥
सकल सभी मिलि लै चले लै गये सेल चढाय।

पंछी हू की गम नहीं तहां दीयौ छिटाय[9] ॥ 5 ॥
जब पिरथी आधीन दीन होय दुरसन आई ॥
मस्तक चरन छुवाई लीये हिरदा सौं लाई ॥
कहा भगत कौं त्रास है आदि अंत नहिं और ॥
अब कै सेवा चूकि हौं तौ नहि तीन लोक मैं ठौर ॥ 6 ॥
हसत हसत प्रहलाउ पढन जब साल पधारै ॥
उचरत ररं कार सकल तजि सव परहारे ॥
परषि लेत परचौ भयौ मु (?) नि उपज्यौ बिसवास।
सकल सभा आनंद मइ इक राज फिरत उदास ॥ 7 ॥
असुर[10] भयौ मति हीन[11] जाय लै पावक दीनौ ॥
अंगि ज्वाला परजरी तहां द्रिढ आसन कीनौ ॥
सकल देव रिछ्या करैं पावक[12] निकट न जाय ॥
पठयौ सीत सहाय कौं(?) मांनौ मीन मकर मैं न्हाय ॥ 8 ॥
ना जांणौ कछु जंतर मतर[13] नट नाटिक कीनौं
अज हूं न समझत अंध[14] जाय लै कूपै दीनौं ॥
सुर नर मुनि जन जांनहीं ध्रु(?) व नारद सै साषि।
जा कै रांम सहाय[15] है रे ताहि कौं हौ लै राषि ॥ 9 ॥
प्रफुलित ह्वै प्रहलाद मंदिर मांहीं जब आये ॥
षोजत षोजत असुर जाय प्रहलाद संताये ॥
तो कौं राषै जो कहां अब र छाडि हूं नांहि।
कोमल बचन कुंवर जब बो(?)ल्यो मो पति षंभा मांढि(?हि) ॥ 10 ॥
रे निस बासुर नहिं मरौं खडग बांणा नहीं बेधै[16]
जल ज्वाला मैं मरौं जुध कोउ जिंद न छेदै ॥
छाया माया नां मरौं नां मरौं धरनि अकास ॥
मति ब्रह्मर कह कहर कहै रे सोचत त्रिभवन नाथ[17] ॥ 11 ॥
रे ऐ तौ कहा है गरब राम है गरब प्रहारे ॥[18]
सब देव तुम से बलि हिरणाछि आदि बराहा सिंघारे ॥
सब देवन कौ देव है[19] सब ईसन कौं ईस ॥
मो मै तो मैं षडग षंभ मैं पूरि रह्यो जगदीस ॥ 12 ॥
कर गहि लीनौं षडग कोपि सनमुष भयौ ठाढ़ौ
देषौ जै है भगि षंभ सौं कीनौं गाढ़ौ[20]

बार बार तो सौं कहौं एह अंदेसौ मोहि ॥
जे षंभ मैं राम है। तौ क्यौं न छुडावै तोहि ॥ 13 ॥
असत भयौ है भांन उदौ रजनी जब कीनौं ॥
अधर खंभ[21] कि छाह उठाय जंघन परि लीनौं
नष सुं उदर बिंदारियौ तिलक दीयौ प्रहलाद ॥
सप्त दीप नव षंड मैं भई तीन लोक मैं गाज[22] ॥ 14 ॥
जहां जहां संकट[23] परे संत के कारज सारे।
हम से अधम उधारि कीये नरकन सौं न्यारे ॥
सुर नर मुनि गंध्रब रटैं सब कौ सुष निवास[24]
मनसा वाचा करमना ए गावै जन रैदास ॥ 15 ॥

---

1. म (ढ) न; 2. सहर बड़ो मुलतांन जहाँ एक कुलवंत राजा 3. तहँ जनमे प्रहलाद सरे सुरमुनि के काजा 4. औरइ कहु न जानौं 5. और हूजौ नहीं मानौं 6. हस्त हस्त प्रहलाद तबै चरसार पधारै अचरनररंकार सकल संभा ते न्यारे नांव लेत परचो भयो मंन उपज्यो विसवास, सकल सभा आनंद में राजा भयो उदास 7. गौहीन 8. सकै को, 9. ढरकाय 10. अस्वर 11. अंध 12. तहाँ पावक नहिं नाय 13. जाति में छांटौ डारि 14. असुर भयो मति मूढ़ 15. सकल साध रष्या करे, 16. रे मो मृत अब हू न आय षगड बांण नहिं भेदै 17. त्रिय नाथ 18. इतौ ग्रब मति करै राम है ग्रब प्रहारी 19. पूरणब्रद्ध सकल है। 20. दुसमन करत चटपटी कहाँ धौं रांम कहां थौ। 21. बिंब 22. भयो साद 23. भीड़ 24. साहिब चरण निवास।

रैदास परिचई

खण्ड 2

प्रस्तावना

आज रैदास संपूर्ण अनुसूचित समाज की जागरूकता और चरित्र-बल के प्रतीक हो गये हैं। उन्होंने बिना किसी लज्जा और हीनता के अनुभव के बार-बार अपने जाति नाम के साथ अपना स्मरण किया और अपनी साधुता के द्वारा राजा, पुरोहित, रंक, फकीर--सबके पूज्य बन गये। उन्होंने काम करने वाले मजदूर, कलाकार हाथों को प्रतिष्ठा दी और मजदूरों की आमफहम भाषा को कविता के शिल्प के साथ विकसित किया। वे न केवल कबीर के समकालीन थे, सहधर्मी, मित्र और बहुत दूर तक सजातीय थे। कबीर कोरी वंश में पैदा हुए, रैदास, धूसिया वंश में (दोनों शूद्र, चर्मकार, बैनजीवी एक ही जाति के दो वंश हैं)। कबीर के पूर्वजों ने तत्काल धर्म परिवर्तन किया था, इसके बावजूद उनका गहरा आत्मीय संबंध लहरतारा मंडुवाडीह के कुटवाडला धूसिया चमारों से बना हुआ था। शायद दोनों संत न केवल बनारस के खास इलाके में एक ही दलित जाति में पैदा हुए बल्कि एक निर्धारित नीति-योजना के भीतर कविता और साधुता के माध्यम से सामाजिक विडंबनाओं को समाप्त करने के लिए संघर्षरत भी थे। दोनों संत अत्यंत जनप्रिय थे और इनके अलग-अलग जनाधार बने। कबीर मुख्यतः शूद्र कोरियों, चमारों, धोबियों, दर्जियों तथा शूद्रोपरि कोइर, कँहार, कुर्मी, अहीरों यथास्थान जाटों और क्षत्रियों के बीच गुरु के रूप में स्थापित हुए। रैदास का मुख्य जनाधार चर्मकार, बढ़ई, तेली इत्यादि जातियों में रहा है लेकिन पंजाब और राजस्थान को छोड़कर यह जनाधार बीच में कई सौ वर्षों तक शिवनारायण से संबद्ध हो गया था। उत्तर प्रदेश और बिहार में तथाकथित चर्मकार जाति के गुरु और धर्म-विश्वास मुख्य रूप से संत शिवनारायण से संबद्ध थे। निर्गुण-गान, गादी लगाना, कडाह-प्रसाद, भोज-भंडारा--सब शिवनारायणी ही हुआ करता था। इधर जाति संबंधों के कारण उत्तर प्रदेश और बिहार के शिवनारायणी भी बहुत दूर तक अपने को रैदासी मानने लगे हैं। कबीर का जनाधार क्रमशः कम हुआ है। वह या तो मठों में केंद्रित हैं अथवा मठ से संबंधित भगत, सेवक पंथियों में हैं। लेकिन पूरे उत्तर प्रदेश, बिहार में, संत कबीर के हजारों मठ, लाखों अनुयायी, अनुगत और संत सेवी हैं। इनमें गुरु धर्मदास से संबंधित अनुयायियों की संख्या सर्वाधिक है। वे कबीर के प्रमुख शिष्य थे। भगवान् गोसाईं के भगताही पंथ के भी प्रायः 1200 मठ, हजारों साधु और लाखों शिष्य हैं। 'कबीरचौरा मूलगादी' की भी

दो हजार के आसपास मठ-शाखाएँ बतायी जाती हैं। इनके भी बहुत अनुयायी हैं। जगन्नाथ दास के जग्गोदासी अनुयायी भी काफी संख्या में हैं और परम शुद्धतावादी पारखी कबीरवादी भी लाखों की संख्या में हैं।

आरंभ और वर्तमान के बीच कबीर और रैदास की एक महत्त्वपूर्ण कड़ी पोथी-संस्कृति और गुरुमत से संबंधित है। प्रायः कर्मकांडविरोधी, मूर्ति, मंदिर, शास्त्र और संस्कृत भाषा, शिखा और यज्ञोपवीत, जाति और वर्ण, छूत और अछूत अर्थात् हिंदू शुचिता का विरोध करने वाले तमाम साधु संप्रदायों में कबीर रैदास और नामदेव अनिवार्य 'सबद–विवेकी' के रूप में उपस्थित हैं। तमाम संत बानी संग्रहों, पंचबानी-संग्रहों और धरम-पोथियों, गुरु-ग्रंथ, सर्वंगी, दादू ग्रंथ, पांजी पंथप्रकाश, कुलजम स्वरूप जैसे दादूपंथी, दरियापंथी, प्रणामी, सतनामी, राधास्वामी, सिख पंथ–सभी पंथों में संत रैदास और कबीर के या तो सीधे वचन गुरुवाणी के रूप में अंकित हैं या उन वचनों का संप्रदाय गुरु के वचन के रूप में अनुगम अनुवाद हुआ है। ऐसा लगता है कि कबीर और रैदास जीवनकाल में ही लोकनायक और कथा-पुरुष बनते हैं। अनेक तरह की चमत्कार कथाएँ हैं। लोकांतर विश्वास, अन्याय से संघर्ष और जय, पुरोहित व्यवस्था का इन संतों के द्वारा दमन और फिर उनकी शक्ति के कारण परम पुरोहित विप्र के रूप में इनकी जन्मकथा और जीवन-कथा का शूद्रांतरण हो गया था।

संतों के चरित्र से संबंधित तमाम तरह के संवाद, गोष्ठी, चरित, जनम साख, परची, परचयी, वार्ता, बात, पोथी लिखने की एक परंपरा ही विकसित हो गयी। धर्म पोथियों में संतों की कविता के साथ वृत्तमूलक साहित्य का भी संपादन होने लगा। संत कबीर के समकालीन पीपा के पौत्र अनंतदास ने संतों की आठ परचयियाँ लिखीं। संत नाभादास ने 'भक्तमाल' का सृजन किया जिसमें अजामिल, हरिवल्लभ, हनुमान, रतिदेव, प्रह्लाद से लेकर कबीर, पीपा, धन्ना, सेन तथा अनेक परवर्ती प्रसिद्ध संतों की जीवनी और उनसे संबंधित अनुश्रुतियों और जनमिथकों का संग्रह हुआ। यह इतिहासपरक साहित्य अनुश्रुतियों के कवच में है और अनेक पाठ-पाठांतरों से होता हुआ पुस्तकबद्ध हुआ है। मेरे मित्र विनान्त कैल्वर्ट (बेल्जियम) का कहना है कि ये श्रुतिमूलक कथाएँ–गोष्ठी, चरित, बोध, तिलक, माल, परची, जनमसाख इत्यादि पहले मौखिक परंपरा में थीं, संभवतः इनकी कविताएँ भी। बाद में इन्हें पुस्तकबद्ध किया गया और स्रोत की भिन्नता के कारण इनमें पाठांतर उपलब्ध हुए। मेरा मन उनकी इस स्थापना के सहमत नहीं। लेकिन पदों या अनुश्रुतिमूलक साहित्य में जो पाठांतर, पंक्ति क्रमभेद और विचलन हुए उनके कारणों के विधिवत विश्लेषण की आवश्यकता अनुभव करता हूँ। वैसे मुझे ऐसा लगता है कि तमाम हस्तलेखों में 'जैसा देखा वैसा लिखा', 'मम दोषो न दीयताम्', 'साधु जनन से विनती मोरी, टूटल अच्छर लेब सब जोरी', 'इति श्री राम राम छ छ छ' की पुष्पिका और लिपिकर्ता भणिता के बावजूद संप्रदाय के दबाव और श्रुति और स्मृति के फल इन हस्तलेखों में पाये जाते हैं। परची ग्रंथों में या जीवनमूलक

साहित्य में जो अंतर है वह बहुत ही भ्रमात्मक और अनेक प्रकार के जटिल प्रश्नों से संबद्ध है। 'कबीर रैदास गोष्ठी' और रैदास के पदों के साथ 'रैदास परचयी' के विभिन्न पाठांतरों का अध्ययन करते समय मुझे इस जटिलता का अनुभव हुआ। पाठ-भेद केवल शब्द-भेद, शब्दांतर, शब्द-वर्तनी, पंक्ति की उपस्थित-अनुपस्थिति से ही नहीं संबंधित हैं बल्कि पंक्तियों के क्रम में भी बहुत अराजकता है। लिखित परंपरा में प्राप्त तमाम पोथियाँ और रचनाएँ लिखित परंपरा से ही नहीं विकसित हुई हैं, मठों, आश्रमों, संप्रदायों तथा सबदजीवी गायकों, गोष्ठीकारों के द्वारा जो पाठ परिवर्तन किए गए उनकी भी महत्त्वपूर्ण भूमिका है। लिपिकारों की अपनी लेखन-शैली रही है। वह लिपि, अक्षर, मात्रा के अंकन से ही नहीं संबंधित है बल्कि लिपिकार की अपनी लेखन-परंपराओं तथा स्वयं की लेखन लतों से भी उसका संबंध है। देवनागरी, महाजनी, तिरहुता, गुरुमुखी इत्यादि लिपियों के अपने अक्षररूप और वर्तन हैं। लिपिकार के स्थानीय उच्चारण भी उसमें कारण हैं। य, व, ज, ङ, ञ, ण, न, म, भ, म, फ, र, रु, रा, रेफ, र, ऋ कल्पक अर, रि, इत्यादि की अंकन शैली भी भिन्न-भिन्न रही है। अनेक स्थानों पर य के नीचे चिहन लगाकर ख़ास उच्चारण अभिप्राय पूरे किए गये हैं। ष, स, श, के विषय में भी अलग-अलग लेखन नीतियाँ हैं। व्याकरिणिक रूप से तीनों स के लिए 'स' (दन्त्य) का प्रचलन अधिक है। मूर्धन्य 'ष' प्रायः 'ख' के लिए आया है। शिरोरेखा के अभाव में प्रचलित 'ख' 'र व' हो जाता था, इसलिए। क्ष, त्र, ज्ञ जैसे वर्ण भी तद्भवीकृत हैं। 'क्ष' का 'च्छ' विकल्प बहुप्रचलित है। कहीं-कहीं केवल 'छ' भी है। इस तरह संयुक्ताक्षर एकाक्षर हो गया है। 'त्र' कहीं 'तिर' है कहीं 'र्त' है और कहीं बहुत विचित्र रूप से अंकित है। उसे अनुमान और पुनरावृत्ति के गणित से पाठ्य अक्षर बनाया जाता है। 'ज्ञ', 'ग', और 'य' का संयुक्ताक्षर विकल्प बन गया है। मात्राएँ, ह्रस्व इ, दीर्घ ई, ह्रस्व उ, दीर्घ ऊ अर्थात् ये चारों स्वर मात्राएँ और स्वर वर्ण हस्तलेखों में कोई अंकन नियम नहीं बरतते। ह्रस्व-दीर्घ एक-दूसरे के लिए रहते हैं। इसके साथ ही रचनाओं को अंगों, रागों, महला इत्यादि में वर्गीकृत करते समय अंग वर्गीकरण में निहित दर्शन और राग-रचना में निहित लय के दबाव के कारण भी पंक्तियों के क्रम, उसके नीचे ऊपर होने, कभी उसके निकल जाने के अवसर भी उपस्थित हो जाते हैं। मैंने अनुभव किया कि हिंदी पाठालोचन का विश्लेषण अत्यंत जटिल है और उसे 'पोस्टगेट' और 'एस. एम. कत्रे,' डॉ. माताप्रसाद गुप्त और मेरे जैसे लोगों के द्वारा स्वीकृत संकीर्ण-संबंध अथवा पाठ-परंपराओं के तरीके से अंतिम रूप नहीं दिया जा सकता। लेखन-गायन की परंपराओं, अनुलेखन-क्षेत्रों, अनुलेखन-विधियों, तद्भवीकरण, यथावसर तत्समीकरण, त्रुटिसूची, क्षेपक और स्खलिति का पूरा विवरण तैयार कर पाठ संपादन के नियम बनाने होंगे। दर्शन और संप्रदाय की सूक्ष्म जटिलताओं को समझे बिना तो इस तरह की संप्रदाय-पोथियों, वृत्त-कथाओं और निजंधरों, लोकश्रुतियों को भी समझना कठिन है। इस तरह के तमाम लोकाचार के रचनात्मक और विपक्षवेधी कारणों की मीमांसा किये बिना

पाठ की निकटतम संभावनाओं तक नहीं जाया जा सकता। इस क्रम में मैक्सिको के मेरे मित्र डेविड लॉरेन्जन, बेल्जियम के कैल्वर्ट, लंदन के डॉक्टर पीटर फ्राईलैण्डर, बर्कले, अमेरिका के जोजेफ सोलर और सेरेक्यूज, न्यूयार्क स्टेअ की रॉक्सिन गुप्ता ने मेरे साथ काम किया और मैंने उनके साथ काम किया। इसके अतिरिक्त भी रैदास ग्रंथावली के संपादन के क्रम में मैंने अनुभव किया कि पाठालोचन के सांप्रदायिक, संगीतात्मक, दार्शनिक कारणों को भी अनुलेखन से जोड़ना पड़ेगा। (इस क्रम में रैदास परचयी के लिए मैंने भण्डारकर प्राच्य शोध मंदिर पूना के बस्ता नं. 536/1895-98 से प्राप्त प्रति में प्राप्त रचनाओं के साथ इण्डिया ऑफिस लाइब्रेरी लंदन, रेफरेन्स Mss हिंदी /8/12, पुखराना राजस्थान की निरंजनी पोथी, साहित्य सम्मेलन की हस्तलेख संख्या 1376-2219 फिर जयपुर की हस्तलेख संख्या 1645, संस्कृत महाविद्यालय, जयपुर के अतिरिक्त जयपुर की हस्तलेख संख्या 1843, 4642, 12422, 4633, 14741 का उपयोग किया। साथ ही सेवादास की बानी, नागरी प्रचारिणी सभा, हिंदी साहित्य सम्मेलन, प्रयाग के गुटका रामचरणदास में प्राप्त रैदास परिचयी को देखा। रैदास परचयी में प्राप्त प्रसंगों की प्रामाणिकता के लिए एक दूरारूढ़ पद्धति का भी प्रयोग करना पड़ा। इस क्रम में नाभादास के भक्तमाल की पद संख्या 56 की टीका 255-56-57-58-59-60-61, 262, 263, 264 का विधिवत अध्ययन करने के बाद नागरीदासकृत पद-प्रसंग से रैदास संबंधी एक निजंधर का मिलान किया। नागरी दास के पद-प्रसंग मे 'आयो हो देवाधिदेव, तुम सरन आयो' पद के संबंध में नागरी दास ने जो कहा है उसकी पूर्व पुष्टि भक्तमाल में नाभादास के पद की टीका से होती है। टीका संख्या 263 की व्याख्या में भी 'आयो हो देवाधिदेव तुम सरन आयो' पद का प्रसंग है अर्थात् रैदास के जीवन की एक-एक घटना और उनसे जुड़े हुए एक-एक पद के संबंध में साधु और चरितकार समाज में एक ही प्रकार की अनुश्रुतियाँ प्रचलित थीं। उनके चमत्कार के संबंध में जो जनविश्वास बन गये थे, वे उनके जीवन-काल में ही बनने लगे थे। इसका अनुमान इसी से लगाया जा सकता है कि रविदास जी की मृत्यु 1597 विक्रमी में हुई और उनकी मृत्यु के 48 वर्ष बाद सम्वत् 1645 में जब अनंतदास वैष्णव ने उनकी परचयी लिखी, तब तक रैदास परम सिद्ध, संत, चमत्कारी, अनेक धर्म-संप्रदायों के धर्म-पुरुष, श्रेष्ठ कवि और परम महात्मा स्थापित हो चुके थे। उन्होंने अपनी मृत्यु के समय यह प्रमाणित कर दिया था कि वे पूर्वजन्म में विप्र थे। यह घटना या यह विश्वास अनंतदास के रचनाकाल तक यानी रैदास जी के मरने के कुल 48 वर्षों बाद एक प्रसिद्ध जनविश्वास में बदल चुका था। 'भक्ति-विजय' नामक ग्रंथ में भी रैदास के संबंध में जो अनुश्रुतियाँ हैं वे, उनके चमत्कारी, तार्किक, ब्राह्मण-ध्वंसक, परम विप्ररूप की ही पुष्टि करती हैं। इस प्रकार रैदास से संबंधित जो जनविश्वास है वे 'सोढी मेहरबान' के 'जनमसाख' में भी पाए जाते हैं। उनमें भी चमत्कारों, तर्कों, लोकसिद्धि और ईश्वर-कृपा को लेकर तापस रैदास के बारे में वैसा ही कुछ लिखा गया है। प्रायः वही जो अनंतदास की परचयी में है। इस

प्रकार भक्ति-विजय, सोढी मेहरबान कृत 'जानमसाख', नाभादास की 'भक्तमाल', अनंतदास की 'परचयी', नागरी दास का 'पद-प्रसंग' अनेक ऐसे स्रोत ग्रंथ हैं जिनसे रैदास की एक छवि, एक निश्चित व्यक्तिता जो संदेह-ग्रंथि के खंडन और संदेह-मुक्ति या सदेह मुक्ति के बीच बनी हुई है। इससे यह सिद्ध होता है कि रैदास अपने जीवन काल में ही तमाम तरह के लोक-विश्वासों के प्रतीक बन गए थे। उनकी जीवन-गाथा को अनेक तरह से कहा-सुना-गाया जाता था। जब अनंतदास ने परचयी का अनुलेखन किया तो उसे भी पढ़ने-गाने वालों ने अपने ढंग से नीचे-ऊपर किया। संशोधनों और क्षेपकों की सहायता से रैदास के जीवन-वृत्त की रचनाशैली पर गंभीर ढंग से विचार किया जा सकता है। हमारा लोकमानस कैसे एक साधु संत को लेता है, उसके लिए कैसे कथा-विश्वासों की रचना करता है, यह बहुत दिलचस्प है। आकस्मिक नहीं है कि एक लिखी हुई रचना में पुनर्लेखन के क्रम में बहुत से परिवर्तन किये गये। लेकिन इन परिवर्तनों की धुरी निश्चित है और एक है। एक तरह से मूल जीवन-वृत्त को ध्यान में रखकर प्राचीन प्रति को प्रमाण मानकर 'रैदास परचयी' का संपादन संभव बनाया गया है।

पाठांतर की जटिलताओं की दृष्टि से पंक्तिक्रम, लुप्ति, अर्द्धाली अंश का आगम, प्रसंगांतर, शब्द परिवर्तन, अनुलेखन-भ्रम, शब्द-भ्रम—अनेक घटक और स्तर हैं जिनमें कुछ को उदाहृत किया जा सकता है।

नगर वाराणसी उतिम गाउँ। पाप न नेरी करावै बाउँ।

संस्कृत महाविद्यालय, जयपुर, प्रति 1645

नगर वाराण्सी उतीमं गाऊँ। जहाँ पाप पुन्य न लागै काऊँ

पूना प्रति बसता नं. 536/1895-98

नगर वानारसी उतिम ठामउँ। पाप न नीरौ आवै काऊँ।

जयपुर प्रति 1843

नग्र बनारस उक्तिम गाऊँ। पाप न नियरौ आवे काउँ।

रामचंद्र सैनी, वेलनगंज आगरा हस्तलेख : रैदास परचरी

नगर बनारसी उत्तम ठाऊँ। पापी पुनी नहीं कहाऊँ।

इंडिया ऑफिस लाइब्रेरी, लंदन
Mss हिंदी A-12 हस्तलेख

ये अंतर सबसे अधिक प्रचलित प्रथम पंक्ति में ही दिखाई पड़ते हैं। इस तरह के सारे अंतरों को विस्तारपूर्वक जोजफ सोलर ने पंक्तिशः मिलाया था और इस आधार पर हम एक पाठक्रम तालिका तैयार कर रहे थे। सामान्य पाठक तक उसकी बहुत उपयोगिता नहीं है। केवल उससे यही निष्कर्ष निकलता है कि रैदास परचयी, परचरी, परची या कबीर रैदास गोष्ठी जैसी पुस्तकें मौखिक परंपरा में भी बहुत प्रचलित थीं। लिखते समय लिपिकार उसका भी उपयोग कर लेते थे। गाउँ, ठामउँ, ठाउँ जैसे अंतर

बहुत साधारण हैं लेकिन इतनी स्पष्ट उक्तियों में लेखन विषयक अंतर मौखिक परंपरा के अस्तित्व की सूचना देता है। एक और पंक्ति ली जा सकती है–

जौ तू रह्यो नगर मैं चाहे। जौ तूं जिनि काकूं कौ बाहे।

जयपुर हस्तलेख संख्या 4642

जे तू रह्यो नग्र मै चाहे। तो जिन कहू और हि बाहे।

जयपुर हस्तलेख संख्या 12422

जे तू रह्यौ नग्र महि चाहि। तौ जिन काहू और हि बाहे।

जयपुर हस्तलेख संख्या 8633

जौ तू रह्यो नगर मंह चाहै। तौ तू जिनि काहू को बाहै।

संस्कृत महाविद्यालय, जयपुर हस्तलेख संख्या 1645

जे तू रह्यो नगर मैं चाहे। तो जिन कोइ औरहि बाहै।

इंडिया ऑफिस लाइब्रेरी, लंदन, हस्तलेख सं. Mss/A-12

ये पाठांतर भी अत्यंत प्रसिद्ध पंक्ति के हैं। इनमें नगर, नग्र, काकू, काहू औरहिं, काहू को जैसे शब्दांतर सिद्ध करते हैं कि स्मृति के आधार पर अपनी व्याकरणिक प्रज्ञा के भीतर लिपिकार लेखन किया करते थे। इस तरह के पाठांतर अत्यंत प्रसिद्ध, बहुपठित, वाचित पुस्तक-पाठों के साथ होता है। ऐसा लगता है कि संतों की महिमा के कारण परची और जनमसाख जैसे साहित्य की अनिवार्यता हो गई थी। संतों के जनप्रभाव को देखकर मठ, मंदिर, आश्रम के संस्थापकों ने इस तरह की चरित-गाथाओं का लेखन प्रारंभ किया। चौदहवीं-पंद्रहवीं शताब्दी में लोकप्रिय होने वाले तमाम संतों के जितने मठ और आश्रम बनते हैं, पोथी लिखने की जैसी परंपराएँ विकसित होती हैं, उससे यह स्पष्ट है कि जनता में चर्चित संतों, कवियों को श्रद्धा और संघर्ष की गाथाओं से संबद्ध किया जाने लगा। लगभग यह समय वही है जो अवतार कथाओं के काव्यानुवाद का समय है। क्या यह कम आश्चर्य की बात है कि जो नाथ, सिद्ध और सूफी, साखी, सबदी, सलोक, पद, चरचरी, प्राण-संकली इत्यादि के द्वारा अपने विचार संप्रेषित किया करते थे, उन संतों के आश्रमों में बैठकर उनके शिष्यों ने ही 'चरित-काव्य' लिखना प्रारंभ किया ? सुदामा-चरित, ध्रुव-चरित सैकड़ों की संख्या में मिलते हैं। अनेक भक्तों, सेउसमन, मोरध्वज इत्यादि की चरित-गाथाएँ बड़ी संख्या में लिखी गई हैं। इसी समय कुछ आगे-पीछे मुल्ला दाउद, जायसी, कुतुबन, मंझन, विष्णुदास इत्यादि मुसलमान-हिंदू कवि संत, बड़ी संख्या में आख्यान काव्य लिख रहे थे। सूफियों के प्रेमाख्यान और विष्णुदास का रामाख्यान इस काल की कृतियाँ हैं। दोहा-चौपाईबद्ध इन सारे आख्यानों और चरितों की काव्यसिद्ध परिणति 'रामचरित मानस' में होती है। उसमें भी अनेक साधु-कथाएँ हैं, साधु-प्रसंग हैं। इस तरह ऐसा लगता है कि इस परंपरा के भीतर सहज भाव से पीपा के पौत्र अनंतदास वैष्णव ने आठ परचयियाँ लिख डालीं और ये मठों, आश्रमों, गोठों, चौपालों, सत्संग बैठकों में गाई-बजाई-सुनाई जाती थीं। यह

सुखद संयोग है कि सम्वत् 1633 में 'रामचरित मानस' पूरा हुआ और सं. 1645 में अनंतदास की 'रैदास-परचयी'। कुल बारह वर्ष का अंतर है। इससे स्पष्ट है कि दोहा-चौपाईबद्ध चरित काव्य खूब लिखे जा रहे थे। कबीर, रैदास इत्यादि का गुणगान देखकर ही तुलसीदास को कष्ट हुआ था और उन्होंने 'प्राकृत जन कीन्हें गुन गाना, सिर धुनि गिरा लगी पछताना' जैसी पंक्ति लिखी और यह संयोग है कि तुलसीदास की यह पंक्ति लिखी जाने के बाद हिंदी में 'चरित-काव्य' लेखन की परंपरा धीरे-धीरे अप्रासंगिक और स्थगित हो जाती है। यह कैसा विचित्र योग है कि जिन संतों ने किसी का 'चरित' नहीं लिखा, 'चरित' और 'अवतार' को माया का खेल कहा, उन संतों के ही चरित लिखे गए। उन्हें अवतार और देवत्व से संबद्ध किया गया। लेकिन जिस तुलसीदास ने राम का चरित लिखा उनका 'चरित' किसी ने नहीं लिखा। केवल भक्तमालों में वे वाल्मीकि के अनुवादक के रूप में स्मरण किए जाते हैं। इस तरह स्पष्ट है कि 'रैदास-परचयी' संत मतों में परिवर्तित काव्य-नीति का परिणाम है। यह काव्य-नीति धार्मिक, सांप्रदायिक और सामाजिक संघर्ष के भीतर विकसित हुई और उसने एक निश्चित सामाजिक पक्ष बनाया। इस बात की लोकशास्त्रीय, ऐतिहासिक तथा नृवंशशास्त्रीय मीमांसा होनी चाहिए। वे कौन-सी परिस्थितियाँ होती हैं जो एक कामगर शूद्र या दलित को साधु महात्मा की ऊँचाई तक उठाती हैं, वेदों, शास्त्रों, पुराणों अर्थात् स्थापित महत्ताओं के खंडन का बल विकसित करती हैं और वे कौन-सी परिस्थितियाँ होती हैं कि जब कोई प्रतिष्ठा के प्रकर्ष पर पहुँच जाता है तो उसे पुनः आश्रम, मंदिर, पूजा, पाखंड, अवतार-विश्वास, चमत्कार—तमाम तरह के श्रद्धाकंचुक में आवृत्त कर लिया जाता है ? यह पूरी प्रक्रिया बहुत-वर्तुल है, यथावसर तिर्यक और अपरीक्षणीय। वस्तुतः जब किसी जागरूक विचारक के व्यक्त विचार समाज-विचार में रूपांतरित होने लगते हैं तो कर्मकांड और पाखंड की संस्कृति खास तरह के छद्‌म के भीतर नमनशील और लचीली हो जाती है। यह बड़ी विचित्र बात है। कबीर संघर्ष करते-करते जब एक बहुत बड़ा लोकाधार बना लेते हैं तो हिंदू और मुस्लिम दो हिस्सों में उनकी मृत्यु के दिन ही बँट जाते हैं। उन पर समाधि भी बनती है और रौजा भी। रैदास जीवन-भर विप्र-संस्कृति से संघर्ष करते हैं। अनेक तालाब पोखरे बनवाते हैं, कुंड और कूप। जब उन्हें गंगा में स्नान नहीं करने दिया जाता तो कहते हैं कि 'मन चंगा तो कठौती में गंगा'। लेकिन उसी रैदास के एक अधेले पर गंगा इस तरह रीझती है कि देव-निर्मित स्वर्ण-कंकण सौंप देती है। कठवत के पानी में गंगा का यह समर्पण लोकबल के कारण होता है। अपने संतों को कोई जाति इसी तरह महामंडित करती है। निश्चित रूप से इस जनाधार की दृष्टि से संत महात्मा और कवि अमूर्त, अदृश्य, देवोपम और मनुष्येतर बन जाते हैं। अपनी भारतीय जाति प्रायः लोकनायकों और प्रतिभापुंजों के साथ इसी तरह से मिथक रचती है। एक तरह से जनता अपनी पीड़ा को ही सम्मान और देवत्व में अतिक्रमित और उदात्तीकृत करती है। 'रैदास परचयी' या इस तरह के चरित-ग्रंथ पीड़ा और संघर्ष के उदात्तीकरण के प्रजातीय सृजन में प्रमाणित हैं। किसी जाति की रचनात्मकता को समझने के लिए उसके कलाबल का

एक पटल, उस जाति की किंवदंतियाँ, अंधविश्वास, चमत्कार और श्रद्धा-प्रसंग भी होते हैं। यदि सत्य को गल्प के भीतर से निचोड़ना है तो लोक- मिथकों, चमत्कारों-कथाओं और अवतार-कल्पनाओं से अधिक सुंदर सामग्री अन्यत्र संभव नहीं है।

रैदास के जीवनवृत्त को ठीक-ठीक समझने के लिए वर्ष और अनुमान की तिथियों का जितना महत्त्व है उससे अधिक एक दूसरी प्रक्रिया का भी है। यह नई है। इसलिए कुछ लोगों के लिए विस्मयकारक भी हो सकती है। जन्मांतर कथाएँ सदैव लोकप्रिय नहीं रहतीं। बुद्धि, तर्क, आस्था और अंधविश्वास का जातीय जीवन में अलग-अलग चक्र चलता रहता है। जैसे बुद्ध का स्वयं उदय, पूर्वजन्म, ईश्वर-विश्वास, यज्ञ और पूजा के खंडन का समय है। बुद्ध तर्क के साथ दुःख के निवारण के लिए संकल्पित थे। पाखंड, अति आस्था और अवतार-कल्पना का उन्होंने निषेध किया था। उन्होंने अपने शिष्यों से स्वयं का सच खोजने की कोशिश की बात की थी, लेकिन उनके निधन के कुछ ही वर्षों बाद बुद्ध-वचन को शास्त्र की श्रुति के रूप में लेकर सुत्त, विनय, अभिधम्म–तीन पिटक बने। बौद्ध-संगीति बुलाई गई और पिटकों पर विचार हुआ। धीरे-धीरे बुद्ध बोधिसत्व हो गए और उनकी जन्मकथाएँ जातक-कथा के रूप में लिखी गईं। जिस महावीर स्वामी से जैन धर्म का संचालन हुआ, उसी धर्म में वे चौबीसवें अंक पर तीर्थंकर हुए। एक से खिसककर चौबीसवें अंक पर पहुँचे। लेकिन आजीवक संतों ने विपक्ष में रहते हुए लगातार इस तरह के पाखंडों का विरोध किया। बौद्ध/जैन अवतार, पूर्वजन्म, बोधिसत्व-तीर्थंकर-विश्वास से आजीवक टकराए। सिद्धों नाथों पर आजीवकों का भी प्रभाव पड़ा होगा। दलित शूद्र श्रमिक के प्रति ममता और चरित्र की शुचिता के प्रति उपहास, साधना में डोम्बी और द्विजा को ललना, रसना, अवधूती के समान महत्ता—इस बात के प्रमाण हैं कि सिद्धों-नाथों के यहाँ अवतार-कल्पना नहीं है। बाद में गोरख-पंथ की रावल जोगी शाखा में सात जन्मों की जन्मांतर कथाएँ नये सिरे से प्रचलित हुईं। यह समय तेरहवीं शताब्दी का हो सकता है। जब नाथपंथी, जीविका के लिए धर्मच्युत और साधुच्युत हुए तो उन्होंने गोपीचंद भरथरी की जन्मांतर कथाएँ रच डालीं। जीवन और जीविका के दबाव से ऐसा हुआ। हठयोग, तंत्र-मंत्र, जन्मांतर कथा, जोगियों के अपने माध्यम थे। सारंगी उनका वाद्य था। संतों ने सिद्धों, नाथों से विचार और चिंतन का दायित्व तो लिया लेकिन अवतार-कल्पना, जन्मांतर-विश्वास इत्यादि का खंडन किया। कबीर ने स्पष्ट ही 'बीजक' में इसे मायाकृत कहा है। लीला नायकों की खूब मखौल उड़ाई है। इससे स्पष्ट है कि रावल जोगियों के जीवन से जुड़ी हुई तमाम जीवन-चर्याओं को संतों ने अस्वीकार किया। साथ ही हठयोग, तंत्र-मंत्र, अभिचार और जन्मांतर कथाओं का बहिष्कार भी किया। पंडित रामविलास शर्मा को इकहरा दिखाई पड़ता था। इसलिए वे यह मानते हैं कि संतों ने नाथ सिद्धों का केवल विरोध किया और इसी आधार पर पंडित हजारी प्रसाद द्विवेदी की स्थापना का खंडन करते हैं। क्योंकि पंडित जी यह मानते हैं कि संतों का तर्कवाद या मूर्ति-मंदिर-शास्त्र-संस्कृत निषेध सिद्धों नाथों से आया। वास्तव में संतों ने विचार सिद्धों नाथों से लिया, आचार स्वयं का बनाया,

जिसमें वैराग्य था। लेकिन अशाकाहार, दुराचार का विरोध या इसी क्रम में उन्होंने जन्मांतर कथाओं को भी अस्वीकार किया। जन्मांतर कथाएँ या कथावृत्त दोहा-चौपाई शैली की धर्म-कथाएँ संत परंपरा में कबीर-रैदास के निधन के पचास-साठ साल बाद प्रारंभ हुईं। स्वयंभू से लेकर हरिषेण तक जैन कवियों के द्वारा प्रबंध लिखने की जो परंपरा थी, वह सूफी शेख फरीद, संत नामदेव, कबीर, रैदास, धन्ना के समय अनुपस्थित है। प्रायः दो-ढाई सौ वर्षों की यह अनुपस्थिति महत्त्वपूर्ण है। इससे यह अनुमान लगाया जा सकता है कि रैदास के मरने के कम से कम पचास वर्ष बाद 'चरित' लेखन की परंपरा नये सिरे से शुरू हुई। उसका एक प्रकर्ष विष्णुदास की 'रामकथा' और तुलसीदास के 'रामचरित मानस' में है, दूसरा परवर्ती प्रकर्ष अनंत दास की 'परचयी', जन गोपाल के 'सुदामा चरित', 'ध्रुवचरित' और 'प्रह्लाद चरित' जैसे सैकड़ों चरित काव्यों में है। इसलिए मुझे ऐसा लगता है कि संत रैदास का उद्‌भव 1433, 1455 के आसपास हुआ होगा। इसका एक कारण यह भी है कि रैदास की कविताओं में कबीर, सधना और सेन के मरने का प्रसंग आया है। 'कबीर, सधना, सेन तरे' उक्ति से यही आशय निकलता है। इसके साथ ही न केवल 'रैदास परचयी' में बल्कि रैदास के समकालीन संत हुसैन नाई सेन के द्वारा लिखित 'कबीर-रैदास-गोष्ठी' में इस बात का उल्लेख है कि रैदास कबीर के यहाँ उन्हें ब्रह्म-ज्ञानी मानकर जाते थे। दोनों में गुरु भाई जैसा प्रेम था, तर्क करने की समतुल्यता थी, निकटता इतनी कि एक-दूसरे को तुर्क और चमार कह सकते थे। लेकिन किसी तीसरे का हस्तक्षेप, चाहे ब्रह्मा, विष्णु, महेश, दुर्गा ही क्यों न हों, उन्हें स्वीकार नहीं था। इस संदर्भ को 'कबीर रैदास गोष्ठी' में देखा जा सकता है। अनंतदास ने भी 'रैदास-परचयी' में रैदास के साथ सारी संपन्नता, वैभव, साठ चँदोवे वाला महामठ जोड़कर यह दिखाया है कि संकट आने पर रैदास अपने गुरु भाई 'फटी चिथड़ी साथरिया' ओढ़ने वाले परम वैरागी जुलाहा कबीर से राय-परामर्श लिया करते थे। इसलिए रैदास की तर्कसंगत आयु संत कबीर से प्रायः बीस बरस कम करके ही आँकना उचित है। इसके लिए एक बात और मैं स्पष्ट करना चाहूँगा। संत कबीर के नाम से 'रमैनी' तो मिल जाती है, यह कुछ 'ज्ञान-तिलक' जैसा ग्रंथ है, लेकिन रैदास के नाम से एक 'प्रह्लाद-चरित' नामक रचना मिलती है। अर्थात् रैदास की वृद्धावस्था पहुँचते-पहुँचते 'चरित काव्यों' का संतों की दुनिया में प्रवेश होने लगा था। कबीर के समय तक यह वर्जित विषय था। इन्हीं चरित-काव्यों से एक ओर प्रेरणा लेकर दूसरी ओर इन्हीं 'चरित काव्यों' की लोकप्रियता को अस्वीकार करने के लिए तुलसीदास ने 'रामचरित मानस' लिखा। चरित काव्यों की रचनाधुरी के बीच-बीच में जो अंतराल है उन अंतरालों को जाति-मन की निर्मिति, स्वीकार और निषेध के चक्र से जोड़ा जाय तो रैदास 1475 में उत्पन्न और 1597 में निर्वाण मंडित सिद्ध किये जा सकते हैं। यह समय विक्रम संवत का है। इनमें 57 वर्ष घटाकर ईस्वी सन् की तारीखें निश्चित की जा सकती हैं।

चरित कथाओं—परचयी या भक्तमालों के काल को एक लोकप्रिय साहित्य रूप की

प्रतिष्ठा देने के लिए मैंने रैदास के जीवन के अंतिम वर्षों को 'चरित-काव्योदय' का काल और विकास की दृष्टि से 50 वर्ष बाद का समय निर्धारित किया है। इसका कारण क्या है? यह प्रश्न उठाया जा सकता है। वस्तुतः मैं यह कहना चाहता हूँ कि जब 'चरित कथाएँ' लोकप्रिय होती हैं, तब जातीय जीवन में जन्मांतर-विश्वास, चमत्कार-कथाओं का सृजन, पुरा मिथकों की पुनर्सृष्टि, विप्र/ब्राह्मण वर्चस्व, मंदिर मूर्ति और शास्त्रवाद का पुनरुत्थान जैसी शक्तियाँ पुंजीभूत होने लगती हैं। भारतीय जाति के नृवंशीय व्याकरण के भीतर से रचनाकल्प की विभिन्न धुरियों के व्यूहन को ध्यान में रखकर यह निष्कर्ष निकाला जा सकता है कि रैदास और कबीर की लोकप्रियता के कारण चमत्कार, विप्रता और देवत्व--इन संतों से जुड़ने लगे थे। यह जनरुचि में हुआ। इसी काल में कबीर को ब्राह्मणी-पुत्र, रैदास को पूर्वजन्म का ब्रह्मचारी ब्राह्मण कहा गया। अनंतदास की परचयी अर्थात् संवत् 1645 तक रैदास के आसपास इतनी जनश्रुतियाँ बन गई थीं जिन्हें अनंतदास की रैदास परचयी, भक्ति-विजय, भविष्यपुराण, भक्तमाल, भक्तमाल की प्रियादास की टीका और नागरीदास के पद-प्रसंग तथा जनमसाख में आगे-पीछे यथावसर यथारुचि संगृहीत किया गया। इनमें सबसे महत्त्वपूर्ण रैदास की जन्म-कथा है। मडुआडीह वाराणसी में वीर, विनायक, पीर और संतों की परंपरा में रैदास का जन्म होता है। उन्हें स्वामी रामानन्द से जोड़ दिया जाता है। यद्यपि स्वामी रामानन्द का रैदास ने अपनी रचनाओं में कहीं उल्लेख नहीं किया है। लेकिन अपने निधन के 50 वर्ष बाद रैदास की शिष्य-मंडली में जनश्रद्धा के बल पर रामानंद स्थापित कर दिये जाते हैं। उन्होंने बार-बार कहा है कि जिसने चारों वेदों का खंडन किया, विप्र उसकी दंडवत करते हैं। लेकिन मरने के 50 वर्ष बाद ही रैदास विप्र-कृपा और स्वयं को विप्र सिद्ध करने के लिए आकुल दिखाई पड़ने लगे हैं। वे अपना सीना चीरकर यज्ञोपवीत दिखा देते हैं। जन्म के काल में रामानन्द की कृपा से माँ का मुँह खोलने के लिए दूध पीते हैं। यह सवर्णता रैदास को अपनी साधु-महिमा के कारण मिलती है। लोक-विश्वास आसानी से वर्णाश्रम व्यवस्था को तो नहीं जीत पाता लेकिन सशक्त को सवर्णता अवश्य दे देता है। इसी का एक दूसरा पक्ष चमत्कार है। पारसमणि जैसे प्रस्तर मिथक को रैदास ने अपनी कविता में कविता के उपाय के रूप में व्यवहृत किया है। लेकिन उसमें पारसमणि की यह कहानी नहीं है कि वह उन्हें दिया गया था लेकिन उसे उन्होंने छुआ नहीं। वे अपना दारिद्रय दूर करने के लिए अपनी राँपी और अपने मोची-कर्म पर ही विश्वास करते थे। सोने की मुहरों वाला प्रसंग भी इसी तरह का है। उनके तप के कारण सोना बरसने लगा लेकिन तप की महिमा को कम करने के लिए उन्हें रोज-रोज भगवत कृपा से मुहरें दी गईं। झाली रानी उनके जीवन का इतिहास हैं, वह सच है। इसके अतिरिक्त सोने के कंकण वाली कहानी, अपना सीना चीर कर यज्ञोपवीत दिखाना, उनके भीतर विप्रत्व की स्थापना के लिए है। अनंतदास ने तमाम संतों के जीवन से संबंधित अति प्रचलित जनश्रुतियों को एकत्र किया है। ये जनश्रुतियाँ, अन्य संत कथाओं में भी मिल जाती हैं। अर्थात् सोलहवीं शताब्दी में जनश्रुतियाँ, चरित-कथाएँ, चमत्कार-विश्वास, मंदिर,

ठाकुरबाड़ियाँ, संगीत, नृत्य, बड़े भवन अर्थात् रामचरित मानस, लाल किला और ताजमहल जैसी एक रचना-संस्कृति का निर्माण हुआ। अगर एक संत की स्मृति में अनेक कथाएँ चढ़ गईं तो कोई आश्चर्य की बात नहीं है। इससे इतना ही सिद्ध होता है कि रैदास महान संत थे।

रैदास की परिचई

नगर बनारसी उत्तम ठाऊं, पुनी नहीं कहांऊं।
मरैस कोई नरकि न जाई, संकर नाँव सुनावै आई ॥ 1 ॥

श्रुति स्मृति को है अधिकारु, तहां रैदास लियो अवतारु।
साकत कै घर जन्मयौ आई, जाति चमार पिता अरु भाई ॥ 2 ॥

पूरब जनम सो बांभन होता, मांस न छाड्यो हरि जन सो ता।
इन अपराध नीच घर दीन्हां, पहला जन्म नीन्हि[1] करि लीन्हां ॥ 3 ॥

दूध न पीवै रुदन कराई, ऐसैं देषि कुटंब डराई।
कलपत कलपत बेटौ जायौ, बैडै[2] के भवन अजायौ जायौ ॥ 4 ॥

मंगलगीत न कांमन गावै, दुचिते भये बाजा न बजावैं।
बैद नावती[3] ले ले आवैं। जंत्र मंत्र वोखदी[4] करावैं ॥ 5 ॥

बालक मरत राषि ले कोई, हमारै जांनि धननंतर सोई।
जो फुरमावौ सोई करिहैं, बहौत दरब ले आगैं धरिहैं ॥ 6 ॥

ऐसी भांति रहे दिन च्यारी, बहौत अंदोह करै महतारी।
कुटंब सहत पिता दुरु पावै, रैदास निजम मरिबौ भावै ॥ 7 ॥

---

1. चीन्हि ?, 2. बैडै बेड़िया नट या निम्नवर्गीय, 3. नावति = भोंपा (ओझइत), 4. वोषदी = ओषधि = दवा।

जीबा तै मरिबौं है नीकौ, हरि तै बिमुख जीवन फीकौ।
हरि हंस बिचारै सो जन जीवै[1], जम पै बिघन करावै ग्रीवै ॥ 8 ॥

कहा दालद्री कहा धनवंतू, कहा दुरबल कहा मैंमंतू[2]।
कहा पंडित कहा मूरिष करई, हरि बिन राजा रंक न तिरई ॥ 9 ॥

अरध रात्री भई अकासां बांनी, सो रांमांनंद लीन्हा जानी।
चमार के घर बेटौ जायौ, सो मेरो जन औतरि आयौ ॥ 10 ॥

हरि सब कथा कही समझाई, जो पीछैं होती आई ॥ 11 ॥

कृपावंत हू दछ्या[3] देहू, बालक मरत राषि तुम लेहू।
तब रांमांनंद कियौ बिचारु, समझायौ है सब परवारू ॥ 12 ॥

जो तुम भगत होहु रे भाई, तो हरि बालक लेह जिवाई।
तब चमरा उठि लागो पाई, मन मानैं सु करिहु गुंसाई ॥ 13 ॥

तब रामानंद गहर न[4] कीन्हा, माथै हाथ सबन कै दीन्हा।
माला तिलक भद्र कराया, पिछवा बासन सब करवाया ॥ 14 ॥

तब ही कोरा कलस मंगाया, सबै ही भाव भगति मैं आया।
सबहन[5] कै मन भयौ हूलासू, असतन पांन करै रैदासू ॥ 15 ॥

देह बधाई बाजै बाजा, घर-घर मंगल सदा बिराजा।

दोहा

जनम सुनंत रैदास कौ, सुष पावै भगवंत।
करम का बंधन सब कटै, गावै दास अनंत ॥ 1 ॥

---

1. ग्रीवै = गला, 2. मैंमंतू = मदमस्त = शक्तिशाली, 3. दछया = दीक्षा, 4. गहर-विलाष, 5. सवहिन।

विश्रां—2

हहि बिधि हरि भगतन अधिकारी, जुगि जुगि जन की बिपति निवारी।
दिन दिन हिरदै हरि बिसवासू, दिन-दिन बड़ौ भयौ रैदासू॥ 1॥

बरस सात कौ भयौ है जबही, नौधा भगति दिढाई तबही।
हरि भगतन की सेवा करै, सतगुर कही न सीष टरै॥ 2॥

समां सात ऐसी बिधि ठा गईया, बहुत प्रीति केसौ सूं भईया।
बारां तन मैं कहीयत नीकौ, सब कुटंब ही लागत फीकौ॥ 3॥

बड़ौ भयौ तब न्यारौ कीन्हौं, बाँटै आयौ बांटि धन दीन्हौं।
राष्यौ वाषर के पछिवारै, कछु न कह्यौ रैदास बिचारौ॥ 4॥

सीधा चांम मोलि ले आवै, तिनकी पनही अधिक बनावै।
टूटा फाटा जर्बा जोरे, मसकत कौ काहू न निहोरे॥ 5॥

ऐसे लाभ सहज मैं होई, ताकै करम लागै कोई।
न्यारे मिंदर भोग लगावै, तहां न कोई मधिम आवै॥ 6॥

पूजा अरचा अधिक अचारु, जांनैं भगति रीति व्यौहारु।
बरस पांच इसी बिधि गईया, कसनी बहुत सरीर ही भइया॥ 7॥

तब हरि भगत रूप करि आये, जन रैदास बहुत मन भाये।
आदर करि आसन बैठारे, दीन बचन करि चरन पछारे॥ 8॥

घड़ी एक हरि की कथा चलाई, ता पीछैं ज्योंनार बनाई।
भोजन कर हरि बैठे जबही, दुष सुष कथा चलाई तबही॥ 9॥

कह रैदास आपनो मरमूं, कैसैं रहै तुम्हारौ धरमूं।
संपति कछू न देषूं नैना, कैसें देही पावै चैंना॥ 10॥

तब रैदास कहै समझाई, संपति मेरै राघौ राई।
कोटिक लछिमी ताके चरनां, दुष दलदर नहीं ता सरनां ॥ 11 ॥

इतनी कथा कही रैदासू, केसौ के मन भयौ हुलासू।
सुनि रैदास बचन इक मोरा, अबही दालदर मेटौं तोरा ॥ 12 ॥

बारापन कौं हूं बैरागी, ग्यांन पाई करि माया त्यागी।
फिरत फिरत हूं तेरे आयौ, कालिह बाट में पारस पायौ ॥ 13 ॥

कृपा करौ तो तुमहीं लेहू, मेरै कांम न आवै एहूं।
लोहा जे पारस कूं भेटै, कंचन होत न कोई मेटे ॥ 14 ॥

अैसे कंचन करि करि लेहू, मन मांनैं ता कूं ले देहू।
वा का दोष न लागै कोई, दूणी भगति सहज मैं होई ॥ 15 ॥

दोहा

बचन सुन भगवंत का, मौन गहै रैदास।
कै सत देषन आईयौ, कै करन भगति कौ नास ॥

विश्रां–3

घरी एक रैदास न बोल्या, हरि जी गांठि तैं पारस षोल्या।
तुम जिन जांनो डहकै मोही, निहचै की यां देत हूं तोही ॥ 1 ॥

ऐ देषौ पारस के चीन्हां, सूई पकरि ले सोना कीन्हां।
औसें काहू होई न आंनूं, या मैं नांहीं जांन बिजांनू[1] ॥ 2 ॥

तब रैदास बोलीयो बैना, यह न कबहूं देषौं नैंना।
कनक कांमनी न देषै साधू, हाथा लियां लगे अपराधू ॥ 3 ॥

---

1. जांन बिजांनू = ज्ञान-विज्ञान।

जौ कंचन सूं सीजैं[1] काजू, तौ राजा क्यूं छोड़ै राजू।
भिष्या मांगि र भोजन करही, कंनक कांमनी तें नित डरही ॥ 4 ॥

ताकौ संग्रै कै सें कीजै, सत छाड़ि के ते दिन जीजै।
तब हरि बोलै सुनि सति भाऊं, कंचन दोस न दीजै काऊ ॥ 5 ॥

कंचन के मंदिर बैकूंठा, कंचन हरि पहरत है कंठा।
कंचन की द्वारिका बिराजै, कंचन सब देव कै साजै ॥ 6 ॥

कंचन भंजन हरि की सेवा, कंचन देयौ सुदांमह देवा।
कंचन क्रश्न प्रीति करि दीजै, कंचन काटि महोछा[2] कीजै ॥ 7 ॥

कंचन ले बैकुंठ बसावै, जो कंचन के मरमहिं पावै।
कंचन षरचि पाप जो कीजै, तौ कत दोस कंचनहिं दीजै ॥ 8 ॥

कंचन ले गनिका[3] कूं दे ही, नरकि बिसाहि आप कूं लेही।
कंचन ले जे जूवा षेलै, तौ क्यूं जन्म ऐक मै ठेले ॥ 9 ॥

कंचन ले कलाल के जाई, सुरा पांन पी नरकि पराई।
कंचन दे जौ आमिष षाई, सहजै नरकि आप जौ जाई ॥ 10 ॥

कंचन दे मंनस मरावै, तौ गति मोषि कहां तैं पावै।
कंचन दे त्रीया राचै, तब तैं मरीये कहूं न बांचै ॥ 11 ॥

कंचन की अकोर जौ लेई, अपराधी कूं आदर देई।
कंचन घरै धरनि दुराई, औरहिं देइ न आप न षाई ॥ 12 ॥

तौ कंचन कैसैं निसतारे, देषत जन्म आपनौ हारै।
ऐसी बात कही हरि जबही, जन रैदास बोल्यो तबही ॥ 13 ॥

---

1. सीजै = सिद्ध हो, 2. महोछा = महोत्सव, 3. गनिका = गणिका = रंडी।

काहे हाथ हमारै धरि हूं, क्यौं न महोछाा तुमही करहूं।
हमही भयौ तुम ऊपर भाऊ, अब रैदास मन न डलाऊ ॥ 14 ॥

पारस ले पावन[1] परि धरीया, तब रैदास पिछौड़ा फिरीया ॥

दोहा

नांह कीए न छूटिए, तुठ्यौ[2] कंवलाकंत।
सुष सागर हरि सरन है, गावै दास अनंत ॥

विश्रां–4

बोल्यौ जन रैदास बिचारी, हूं राषत हूं कांनि तुम्हारी।
जे तुम टेक आपनी करिहू, तो बसतर बांधि छांनि मैं धरिहू ॥ 1 ॥

नांगै भूषै आवै काजा, लीज्यौ कठिन, कीज्यो लाजा।
केसौ पारस धरियौ बांधी, घर भीतरि डांडै की सांधी ॥ 2 ॥

हम देषत यह षरौ लजाई, पाछैं कंचन करि करि षाई।
यहु बिचारि करि केसौ गईया, बरस एक पारस कूं भईया ॥ 3 ॥

जन रैदास न देष्यौ काहू, मास तेहरेवैं बहुरयौं आहू।
कहि स्वामी तुम ह काठिन लीनौ, कौंन दोस पारस कूं दीन्हौं ॥ 4 ॥

तब रैदास कहै कर जोरै, मैं छाड़यौ पाथर कै भौरे।
पारस मैंरे हरि कौ नांमूं, पाथर सू कछु नांही कांमूं ॥ 5 ॥

जा सूं पलटै तन मन प्रांनू, काटै करम सति सौ जांनू।
हरिपारस कंचन की रासी, और सकल माया की पासी ॥ 6 ॥

---

1. पावन = पांवों पर, 2. तुठयौ = संतुष्ट हो गया = खुश हो गया।

अंगीकर रैदास न कीन्हा, तब हरि अपनां पारस लीन्हा।
लै पारस रम गए मुरारी, बहुरयौं केसौ बुधि बिचारी ॥ 7 ॥

सुपनंतर मैं बिनती करिही, मोहर पांच संपट मैं धरिही।
ले कनक जिनि करिहु कुभाऊ, पूजौ साध हिरदै धरि भाऊ ॥ 8 ॥

इतनी कहत भयो सुष भारी, मांने बचन सु कहे मुरारी।
भोर भए जो देषै जागी, दीन्ही संपति मैं कदि मांगी ॥ 9 ॥

तब तैं पांच पांच दिन पावै, ते सब पाक महोछौ लावै।
मिंदर महल किए बहौतेरा, जहां तहां भगतन का डेरा ॥ 10 ॥

कहैं कथा कीरतन सारू, आंन धरम नांही पैसारू।
नगर का लोक दरसन करि जाहीं, तिन सूं बांभन षरा रिसांहीं ॥ 11 ॥

काहू को धन पायौ डारौ, षाई न जांनैं मूंढ गंवारौ।
ढचरि करै लोगन बौरावै, सूद्र आपनी पूजा लावै ॥ 12 ॥

सीष दैंन कूं नाहीं कोई, बहुत अनीत नगर मैं होई।
मधम कुल अरु मधिम कांमूं, मधिम कुटंब अरु मधिम धामूं ॥ 13 ॥

मधिम आपन मधिम नांम, सौ क्यौं पूजै सालगरांम।
बेद पुरान कहै समझाई, सूद्र म्यला, न छूई जाई ॥ 14 ॥

ऐसे बांभन कोप करांहीं, तब रैदासहि बरजन जांहीं।
जे तूं रहयौ नगर मैं चाहै, तो जिन कोई औरहिं बाहै ॥ 15 ॥

सुधै समृत ले हरि (ग) नांमूं, तू जिन पूजै सालिगरांमूं।
बरजत तिनै नगर कौ राजा, ताकी बांभन करै न लाजा ॥ 16 ॥

दोहा

राजनीत मानै नहीं, बहौत भरे अहंकार।
बांभन बरजे ना रहौं, मरन करै दरबार ॥ 4 ॥

विश्रां–5

दूबे तिबे चौबे आए, व्यास अचारज पाठिग ध्याये।
बाला बूढ़ा सबै सकेला, करै बाद रैदास अकेला ॥ 1 ॥

बैठे जहां बाघेलौ राई, तिन कै राजनीति होइ आई।
सगरौ लोग तमासौ आयौ, दांन दीयां बिन कोतग पायौ ॥ 2 ॥

भोमियां पांच सात मिलि बरजै, संक न मांनै बाभन गरजे।
तब रैदास बाहिरौ आयौ, राज पराजां माथौ नायौ ॥ 3 ॥

बैठौ भौमि डलीचौ डारी, मानूं, चंद्रमा करी अजियारी।
आसि पासि तारागण सोहै, भजन प्रताप बापरौ कौ है ॥ 4 ॥

नृमल बचन कहै रैदासू, कौन चूक तैं हमहिं तरासू।
बांभन बोलैं सुनि रे सूदा, तैं क्यौं धर्म हमारा नींदा ॥ 5 ॥

हम गुर पूजि आहि सब केरे, लोक बचन मांनत हैं तेरे।
तूं किन मानैं बात हमारी, तोहि पाप लागत है भारी ॥ 6 ॥

सालगरांमहि लावै हाथु, तब कांपत है श्री जगनाथू।
जल असनांन करावै जबही, सुरा पांन डारयौ तबही ॥ 7 ॥

तुलछी चंदन अरपहि फूला, ताकौ दोष थाप की तूला।
बाल भोग डारै जल आंसू, राज भोग मांनत गोंमासू ॥ 8 ॥

धूप दीप आरती कौ भाऊ, तातैं भलौ न मानै काऊ।
सुरति सुमृति की राषौ रीती, साधू जन हारि न जीती ॥ 9 ॥

औसे धरम कहा ले धरीयै, जातें नरक कुंड मैं परीयै।
धरम तुम्हरो कहीयैं ऐहू, सब काहू भात न देहू ॥ 10 ॥

हरि सुमिरन हिरदै जिन टारौ, कलपम पांचू इंद्री मारौ।
पर अपबाद जिन करहू, हरषि हरषि हरि के गुन गाहू ॥ 11 ॥

इतनां बचन हमारो मानौ, तो तुम भला आपनों जांनौ।
तब रैदास कहै समझाई, तुम तैं भगति दूरि है भाई ॥ 12 ॥

झूठे फल भीलनी के षाए, प्रीति जांनि हरि के मन भाए।
ता तें पापहि हूं न डराऊं, भयौ सुपवित्र नाराइन नांऊ ॥ 13 ॥

बाभन बोलै सुनि रैदासा, तूं जिन करै मुक्ति की ,आसा।
त्रेता सुड़[1] तपस्या करही, ताकै पातिग बांभन मरिही ॥ 14 ॥

सो रुघना[2] मारयौ बांनां, बांभन जियौ सुड़ गए प्रांनां।
तप तीरथ की करूं न आसा, हम हरि सरनि कहै रैदासा ॥ 15 ॥

हरि ग्वालनि की झूठन षाई, ऊंच-नीच की संक न काई।
ता झूठन कूं ब्रह्मा आयौ, पाई नहीं कृष्न भरमायौ ॥ 16 ॥

वेद भागवत बोलै साषी, दास अनंत कथा यूं भाषी ॥ 17 ॥

दोहा

भगति पियारी राम की, मरम न जांनैं कोई।
जिन जांनी ते उबरे, मारि न सके कोई ॥

1. सूद्र, 2. रघुनाथ।

विश्रां–6

बांभन बोलैं नेक न डरही, केसो कांनि हमारी करही।
भृग रिषी सुर मारियो लता, सोभा अधिक ता भई हरि गाता ॥ 1 ॥

परसरांम सब छत्री सिंधारा, राज हमैं दीयौ इकीस बारा।
फुनि पांडौं कै हियै न टरता, सहंस अठासी भोजन करता ॥ 2 ॥

तब रैदास कहै सुनि पांडे, लात मार के भए न चांडे।
जानौ नहीं राज की रीति, तातैं भई बहू बिप्रीति ॥ 3 ॥

संहस आठासी सरयौ न काजा, सुपच के संष बजाइन बाजा।
तुम्हरी पूजा कौ फल ऐहू, सेवा करत नरक तुम देहू ॥ 4 ॥

नघु राजा तुम नरक पठायौ, दियौ सराप क्रष्न मुक्तायौ।
फुनि दुरबासा गुरु तुम्हारा, हरि भगतन की सरन उबारा ॥ 5 ॥

इतनी सुनि बांभन परजरीया, जांनू बैसंदर मैं घृत परीया।
सुरही सुकरी क्यूं होई, दूध बिचारि षात है सब कोई ॥ 6 ॥

गई न दुरगंध गगन मैं मछा, स्वांन मंजन किऐ होइ न अछा।
हंस काग कैसैं इकसारी, कंचन काचम लेहू बिचारी ॥ 7 ॥

अलष पुरस सूं अंतर होई, लोक बेद कहै है सोई।
इंद्रीजीति सूद्र जे होई, ता कौ पाँव न पूजै कोई ॥ 8 ॥

बांभन जौ भिष्टि होइ जाई, तो सब मांनौं राजा राई।
इतनी सुनि रैदास रिसांनां, हरि परित्यागे राजा रांनां ॥ 9 ॥

दुरजोधन कौ कियौ तयागू, लियौ विदरघर सूवां सागू।
नांहीं रांम तुम्हारे बाटै, सब कोइ लै सिर कै काटै ॥ 10 ॥

सालगरांम महिं आनि बिराजू, लेहु बुलाई तुम्हारा साजू।
जहां प्रीति तहां चलि जाई, ऐसि मति रैदास उपाई ॥ 11 ॥

बांभन कहै बेग ले आऊ, जौ तेरै मन मैं सति भाऊ।
तब रैदासहि उपजी लाजा, सिंघासन परि आइ बिराजा ॥ 12 ॥

जो तुम चत्र भवन के राई, जन की गोद बैठि हौ आई।
बांभन कहै आहि प्रभु मेरे, अहो ब्रह्मन देव हम तेरे ॥ 13 ॥

करि है बेद धुनि दीरघ बांनी, तिनकी केसौ नैंक न मांनी।
गाइत्री सुमरैं चित लाई, और धरम सब कीऐ सोई ॥ 14 ॥

इत रैदास ऐक पद[1] लीनौ, सब दिन गयो भोग नहीं दीनो।
साढी तीन पहर गई बीती, नां काहू की हारि न जीती ॥ 15 ॥

दे पद भोग रहै रैदासू, प्रेम उमंगि जल ढारे आंसू।
ऐसी करनां देषी जबही, सालिगरांम गोद गए तबही ॥ 16 ॥

जन रैदास रह्यौ उरलाई, राजा परजा कै मनि भाई।
जै जै कार करै सब कोई, बांभन हारि चले मुँह गोई ॥ 17 ॥

मुष न दिषावैं घूंघट षोई, मांनू षट मांस ते जरीयां होई।
जीत्यौ जन रैदास निगरबी, बांभन भऐ बिंजन की दरबी।

जुगि-जुगि जिनि थापे भगवांनां, भगति प्रतापि अनंत बषांना ॥ 18 ॥

दोहा

दास अनंत भगति करै, जाति पांति कुल षोइ।
ऊंच-नीच हरि नां गिनैं, भगति कीयां बसि होइ ॥

विश्रां–7

बरस पांच का अंतर भईया, बहुरि कथा चीतौरै गईया।
झाली रांनी मति की सूरी, दांन धरम सतसंग गति पूरी ॥ 1 ॥

भोग सकल कीजत है जाकै, माला नांहि गुर ताकै।
सहजै उपजि भई मन अछ्या, हरषवंत होई चाहै दछ्या ॥ 2 ॥

भगत एक पूछ्यौ अकुलाई, कापैं दछ्या लीजै जाई।
तब ते भगत कहै उपदेसू, मन में दुंढ्यौ च्यारयूं देसू ॥ 3 ॥

बहौत भगत कहा कहू वषांनी, ऐ दो भगत बताऊं रानी।
कासी नगर बेगि चलि जाऊ, जो मेरे बचन हियत्याऊ ॥ 4 ॥

जाति जुलाहौ नांम कबीरू, मांनूं सुषदेव को आहि सरीरू।
निरगुन ब्रह्म लियौ पहचांनी, तापैं दछ्या लीजै रानी ॥ 5 ॥

और ऐक रैदास चमारा, जानूं नारद लियौ अवतारा।
सूद्र कहूं तौ आवै लाजा, दरसन कारन कलपैं राजा ॥ 6 ॥

पंडित मरम न जांनौं कोई, बिष्न कौ अंस औतरे दोई।
झाली कै मनि आनंद भईया, बनारसी कूं डेरा दीया ॥ 7 ॥

बांभन संग चले मन जांनी, हम पै दछया लै है रानी।
झाली बरजै बरबट जांहीं, एक दछया अर गंगा न्हांनी ॥ 8 ॥

दिनां बीस में कासी गईया, झाली जनां छै–गुपत पठइया।
जाइ कबीरै देहु जनाई, झाली सिष हौंन कूं आई ॥ 9 ॥

तब कबीर मन उपजी लाजा, मैरे कांम न रांनी राजा।
फाटी कंबरी वोढ़ी जबही, झाली आई पहूंची तबहीं ॥ 10 ॥

देषे सब निरगुन बैरागी, जे बैठे है माया त्यागी।
देषी परम कुटी साथरिया, तिन ऊपरी फाटी कांबरियां ॥ 11 ॥

पूजा अरचा देवी न देवा, सहज समाधि लगावे सेवा।
थाली गडवा दरब न चीरु, दुजे दिन कूं रहे न नीरू ॥ 12 ॥

सादी सौंज देषी जब रांनी, फिरी पिछौंडी मनि पछितांनी।
चलौ जहं रैदास चमारा, उनहूं कौ देषैं व्यौहारा ॥ 13 ॥

पटौंती तहां न लागी बारा, ऊंचे देषे पौलि पगारा।
देषि दिवालौ भयौ आनंदू, तहां सदा बैठे गोविंदू ॥ 14 ॥

ऊपरि साठि चंदवां तांना, अैसा सुष न देषै रांनां।
सोनैं भांजन कनक कपाटा, बहुत सुगंध भरे है माटा* ॥ 15 ॥

झालरि झांझ पषावज ताला, बरन बरन फूलन की माला।
तब देषे स्वामी रैदासा, बहुत महंत दीसत हैं पासा ॥ 16 ॥

उजल कपडौ सुंदर गाता, मुष तै निकसै सीतल बाता।
गरब गयौ रांनी कौ जबही, किए डंडोत भगतन सू सबही ॥ 17 ॥

दोहा

चरन गहे रैदास कै, दीन्हौं मातै हाथ।
रांनी के मन मांनियौ, भयौ भगतन सूं साथ ॥

विश्रां–8

पहली मरम जांन्या सोई, अैसी दछया लीजै गोई।
बहुत दरब ले आई झाली, सो सब षरच्या घर कूं चाली ॥ 1 ॥

---

* मटका-पात्र।

कौस पांच जब छोड्या नगरू, बहुरु यूं बांभन माड्यौ झगरू।
सुनी परोहित लीन्हीं माला, बांभन कौप भऐ है काला ॥ 2 ॥

आगनि रूप मन उपजी रीसा, पाथर ले ले फोड़े सीसा।
गही बाग रांनी पलटाई, बहुरु यूं कासी पहुंची आई ॥ 3 ॥

बांभन कोपैं देहि सरापू, निरफल हो ज्यौ तेरौ जापू।
के ऊ पतरा भुयँ सूं मारैं, केउ जोरि जनेऊ डारैं ॥ 4 ॥

के ऊ बैठा धांमे सिकाहीं, के ऊं धरती परि परि जांहीं।
के ऊ रांणी लोही छाटै, के ऊ पांडे पौंचा काटै ॥ 5 ॥

के ऊ दांत जीभ सूं मारै, देह आपनी कपरा फारैं।
के ऊ बिस की गांठि चबाहीं, के ऊ दौरि दिवांनैं जांही ॥ 6 ॥

के ऊ पेट कटारी मारैं, के ऊ बसतर पावक जारैं।
के ऊ लोही आहूत देही, के ऊ प्यासी नीर न लेही ॥ 7 ॥

मरन करैं हरिजन की पौरी, सुनत बघेलौं आयौ दौरी।
मकनां दे दे आई रांनी, तब झाली मन मैं पछितांनी ॥ 8 ॥

अब कै केसौ संकट राषै, बार-बार झाली यूं भाषै।
भलौ करत बुरौ जे होई, तौ केसौं सूं बस नहीं कोई ॥ 9 ॥

सगरौ नगर तमासै आयौ, पहलौ परचौ कहि कहि समझायौ।
मारै मरे न सीझै काजा, सुनौ निहाइत बरजै राजा ॥ 10 ॥

निज हरि भगत सैंन कहै नाऊ, बांधू गढ़ तैं सो चलि आऊ।
ताकौ कह्यौ न बांभन मांनैं, करैं मचल मरिबौ ठांनैं ॥ 11 ॥

भगत ऐक रैदास पठायौ, सो कबीर कूं बूझन ध्यायौ।
बांभन पौरि हमारी मरिहैं, देह मति हम कैसें करिहैं ॥ 12 ॥

कहै कबीर न मांनै सीषा, जिन षाई राजन की भीषा।
ब्रह्मा सिषवै तउ न मांनैं, हमहिं तुमहिं कमीन करि जानैं ॥ 13 ॥

सालिगरांमहि सौंपो न्याऊ, जौ तुम अपना पिंड छुड़ाऊ।
जुगि-जुगि जन की बोलै साषी, जिन डरपै हरि लैहै राषी ॥ 14 ॥

ऐसी सीष कबीर पठाई, सो रैदास बहुत मन भाई।
बांभन हठि करहि अपघाता, ग्यांन ध्यांन की सुनैं न बाता ॥ 15 ॥

तब रैदास कहै समझाई, केसौ कहै से मानौ भाई।
सालिगरांमहि बिराजै आनी, ऐसी मति सबकै मनिमांनी ॥ 16 ॥

दोहा

सगरौ झगरौ मिटि गयौ, सुमिरन लागे संत।
सोई सांची मनि मांनिए, जो बौलै भगवंत ॥

विश्रां—8

जोइ परपंच पहलौ भयौ, तैसौ बांभना औरुं थयौ।
बेद मंत्र गाइत्री जापू, पहर सवा दोइ कियौ बिलापू ॥ 1 ॥

इत हरि भगत सैन रैदासू, हरि गुन गावै ढारै आंसू।
चढ़े बिवांन देवता आऐ, गंण गंध्रप ज्यूं अंबर छाऐ ॥ 2 ॥

बोल्या सालिगरांम बिचारी, सब सुनियौ तुम नर अरु नारी।
सांचौ साचौ जन रैदासू, झूठा बांभन देह तरासू ॥ 3 ॥

तीन बार यूं बोल्यौ केसौ, तब सबहन कौ गयौ अंदेसौ।
जै जै कार भयौ जग मांही, कौतिगहार सबै घर जांहीं ॥ 4 ॥

जुग जुग जीति भगत की भई, पहपि बरष गण गंध्रप पठई।
बांभन चले जूवां सो हारी, ऊंचे कुल कूं आई गारी ॥ 5 ॥

चले षिसाने दूजे हारे, जांनूं माई बहन कूं हाथ पसारे।
एकादसीय दैव उठांही[1], ताकै दिन दिछया ली रांनी ॥ 6 ॥

पून्यूं के दिन झगरा भईया, झाली आपनै गईया।
सांझ बार सैन रैदासा, चलि आए कबीर के पासा ॥ 7 ॥

आदर करि कबीर बैसारे, समाचार हम सुने तुमारे।
करिहैं परसपर असतुति भाऊ, और भगत सब बंदै पांऊ ॥ 8 ॥

साचे हरि, है साचे हरि दासा, हरि सुमिरन तैं सब दुष नासा।
ता पीछैं कीरतन करही, भए निसंक न काहू डरही ॥ 9 ॥

अरध राति सुमिरन कूं लागे, तब बैरागी सोवत जागे।
तीन्यूं भगता पौढ़े तबही, दियौ चत्रभुज दरस जबही ॥ 10 ॥

उठि रैदास परयो हरि चरनां, सैंन कहै हम तुमरे सरनां।
कबीर बैठे दरसन पायौ, रूप चत्रभुज हिरदै समायौ ॥ 11 ॥

कबीर कौ मन निरगुन राच्यौ, और मतौ सबही कौ कांचौ।
इतनी सुनि रैदास रिसांनौ, निरगुन सुरगुन आपा करि जानौं ॥ 12 ॥

सुरगुन थापै सैंन रैदासा, कबीर कै मन निरगुन आसा।
पहर सवा लग कथियौ ग्यांनूं, टीकै रह्यौ कबीर कौ ध्यांनूं ॥ 13 ॥

निगुन कथत भयौ मन थीरू, गुर समान अब थप्यों कबीरू।
करी बंदनां सैंन रैदासू, पहुंचे अपनैं मिंदर पासू ॥ 14 ॥

निरगुन सुरगुन कहिऐ ऐकै, जिन को करै अपनी टेके।
निरगुन ब्रह्म न हालै चालै, सुरगुन धरि भगतन प्रतिपालै ॥ 15 ॥

सुरगुन मांषन कहीऐ भाई, निरगुन धृत लीयौ तत ताई।

दोहा

हरि गुन कोई न बरन सकै, हारे सुर नर नाग।
दास अनंत बिचारिकै, सरन गहै बड़ भाग ॥

विश्रां–10

तब निरगुन गह्यौ रैदासा, छूटि करम धरम के पासा।
कथा कीरतन सुमिरन लागे, अंतरजांमी अंतरि जागे ॥ 1 ॥

जिहि बिधि सुषदेव संकर सेसू, सो कबीर दीन्हौं उपदेसू।
जहां मन चढ्यौ उपरली पैरी, तब नीचाकूं नजरि न हेरी ॥ 2 ॥

ता पीछैं अैसी बिधि ध्याऊं, फुनि झाली कै उपज्यौ भाऊ।
जौ द्वारै आवै गुर देवा, तौ नीकी बिधि कीजे सेवा ॥ 3 ॥

जिनकै द्वारै गुर न पधारैं, ते तो जनम अबिरथा हारैं।
तब झाली भगत कूं बूझै, मैरै अैसी तुम क्या सूझै ॥ 4 ॥

भगत कहै धनि धनि यहु भाऊ, जौ तुम कहहौ अब लै आऊं।
झाली कहै जाइ बीनती कीजै, अपनी जानि मोहि दरसन दीजै ॥ 5 ॥

ज्यूं माली सीचैं बन बेली, अपनां रोपा तजै न मेली।
अठारा भार घनपुरवै आसा, मेटै स्वांति सीप की प्यासा ॥ 6 ॥

ज्यूं माता बालक कूं पोषै, यूं सतगुर आत्मा संतोषै।
करि बीती पत्री मैं लिषाई, मुष अष्यांन भगत कूं सिषाई ॥ 7 ॥

चाले भगत गहर जिन लाई, कासी नगर पहूंचे जाई।
कियौ प्रनाम मिलै रैदासा, संतन के जुथ देषे पासा ॥ 8 ॥

सब सू मिलि पत्री जब दीनी, तब रैदास बचाहर लीनी।
भगति कही बिगति सब बांणी, दरसण काजै आतुर रांणी ॥ 9 ॥

तब चलिबा की बात चलाई, सब संतन कूं षबर सुनाई।
ऐसी जुगति कहै सब संतू, ज्यूं ही आग्या दे भगवंतू ॥ 10 ॥

तब रैदास बिचारी बाता, गुर समांन कबीर बड़ भ्राता।
ताकूं बूझन प्रात पधारे, कबीर आदर करि बैसारे ॥ 11 ॥

तब कबीर कौं बचन सुनाया, चीतौर तैं हम कूं दल आया।
द्यौ आग्यां तौ हम अनुसरिहौं, कहौ चलूं कहौ उत्तर भरिहै ॥ 12 ॥

सो कबीर कही मति ऐसी, सो हरिदास कै हिरदै बैसी।
केसौ की आग्या तुम जांऊ, राषौ दासातन कौ भाऊ ॥ 13 ॥

आग्या मांगि रैदास जु आए, प्रात रमन कूं बचन सुनाए।

दोहा

आग्या लई कबीर की, फुनि आग्या हरि दीन।
रमन मतौ चीतौर कौं, जन रैदास तब कीन ॥

विश्रां–11

प्रात समैं रमन कौं कीन्हां, आपन सषा संगि सब लीना।
सीलवान सुमरन मन सारो, आग्याकारी संत सिधारे ॥ 1 ॥

ग्यांन ध्यांन निरगुन मत धारे, सबही अनैभै सबद बिचारे।
अैसा सिष सदा संग सोहै, मनष कहा देवता मोहै ॥ 2 ॥

जहां जहां हरिजन चलि जांवै, दरसन देषि सबै सुष पावैं।
कृष्ण कीरतन हरिजस[1] करिहै, प्रेम सहत सबकै मन हरिहैं ॥ 3 ॥

जिन कै द्वारै हरिजन पग धारैं, कोटि पाप जौ जीव उधारैं।
अति उछाह करि प्रेम बढ़ावैं, हरि के जन कौंने नहिं भावै ॥ 4 ॥

अैसा रमत बहौत दिन लागा, झाली आतुर है रै भागा।
चलि चीतौर निकट जब आए, तब रैदास द्वै भगत पठाए ॥ 5 ॥

भगतन जाइ सुनाई बांनी, अधिक उछाह भयौ तब रानी।
धनि दिन आज धरि गेहू, आए बचन सुनाए तेहू ॥ 6 ॥

तब रैदास चलि आए नेरा, पहले बाग मैं दीन्हौं डेरा।
मंत्री सबै बुलाए रांनी, सनमष पठए सब रजध्यांनी ॥ 7 ॥

लोक महाजन दरसन जांहीं, ब्राह्मन सुनि मन मैं पछितांहीं।
सकल लोक मन आनंद हूवा, बिप्र दुषी अति जरिबरि मूवा ॥ 8 ॥

सकल सौंज ले रांनी आई, पान सुगंध गुलाल मिठाई।
हरि बोलो हरि बोलो होई, बाग बन्यौ बैकूंठा सोई ॥ 9 ॥

---

1. विशेष प्रकार की कविता–अतिगेय।
* हरिजस : प्रहरवद्ध कीर्तन गायन।

कथा कीरतन बहु बिधि कीन्हौं, बांटि प्रसाद सबन कौं दीन्हौं।
पाछै डेरा नगर बिचारें, महमां करी नगर हमारै ॥ 10 ॥

महमां बहौत भई अधिकाई, मंडली सब घर कौं पधराई।
मंगाइ पटंबर आनि बसारे, चरन धरत गुरदेव पखारे ॥ 11 ॥

दोहा

महमां गुर गोबिंद की, करै कहै सब थोर।
सीस दियां ऊरन नहीं, यातैं बिभो कहौ कहि और ॥

विश्रां—12

अधिक उछाह कीयौ यूं रांनी, ता पीछे भोजन की ठांनी।
सकल बिप्र मिलि घात उपाई, याकौ काज बिगारौ जाई ॥ 1 ॥

सूद्रहि आंनि करी महमानी, घर के बांभन छाड़े रांनी।
ताको कारिज रांम संवारै, ऐसो कौन जु ताहि बिगारै ॥ 2 ॥

सबही चलि करि दरबारहि आए, षीज करि रांनी डरपाए।
रांनी कहे अधर क्यौं ऐसें, धरती षेत छिनाए कैसें ॥ 3 ॥

बिप्र कहैं तैं सबै बिगार्‌यौ, रजध्यांनी मैं छांटौ पार्‌यौ।
सब राजा बिप्रन कूं मांनैं, और अनेक तिनैं नहीं जानैं ॥ 4 ॥

जौ तुं पुन्नि करन कूं होती, तो पहली षबर हमैं कूं देती।
जिग[1] करैं ते बिप्रन कौं, ईछैं, और सकल बिप्रन कै पीछैं ॥ 5 ॥

जहां तहां बिप्रन अधिकारे, तैं गुर कीयौ मधि चमारे।
रांनि कहै सुनो रे भाई, मैरै तौ मन ऐह सुहाई ॥ 6 ॥

---

1. जिग—यज्ञ।

करनी हीन सूड है सोई, करनी करै से उतम होई।
उत्तिम माधिम करनी करनी मांहीं, मनिष देह उत्तिम कछु नांही ॥ 7 ॥

कांम क्रोध लालच नौ द्वारा, एतौ घट मैं ऐह चमारा।
उत्म भए तिनूं ए जीते, बांभन भया भालमीक[1] काते ॥ 8 ॥

जाति पांति नांहीं अधिकारा, रांम भजैं ते राम पियारा।
नाहीं कुछु तुम्हारे सारै, ऊठौ बिप्र जाहु तू द्वारै ॥ 9 ॥

बिप्र बहुत मन मैं दुष पांवै, क्रोध करैं रांणीं डरपावैं।
पहली हम कौं देह रसोई, पीछे ज्यूं भावैं त्यूं होई ॥ 10 ॥

रानी कहै नहीं मन धीजै, गुर पहली तुम कूं क्यों दीजै।
ऐसें झगरौ बहौत उठायौ, तब रैदास एक भगत पठायौ ॥ 11 ॥

हमारे नंहीं हारि न जीती, इनकी तुम राषौ रस रीती।
मन मैं समझिर आग्या मांनी, षिजत रसोई दीनी रांनी ॥ 12 ॥

मन अनभावे बिप्र बुलाए, हूं ते नगर मैं सब उठि धाए।
लैन रसोई बांभन दौरै, गिनती जन सात सै जोरे ॥ 13 ॥

लैंह बहौरि बिचारैं मन मैं, करौ रसोई सारे दिन मैं।
हम छातां कोई आन न पावै, ऐसे कोरा कलस मँगावै ॥ 14 ॥

करैं असनांन ढील मन मांही, हरि जन बैठा हरिगुन गांहीं।
भई रसोई जींवन लागा, पाघ उतारि किया सिर नागा ॥ 15 ॥

सबै बिप्र हरषै मन मांहीं, हीं आहार गति समझी नांहीं।
तब रैदास ध्यान मन दीन्हां, धरै ध्यांन बदेह तन कीन्हां ॥ 16 ॥

---

1. भालमीक—वाल्मीकि।

करनहार का का नहीं करहीं, मांन सबै बिप्रन का हरहीं।
दरसन बहौत एक की झांई, यूं बदेह जन सब की ठांई ॥ 17 ॥

सबहिन कै संगि जींवन बैठा, उन वापैं उन वापैं दीठा।
सब कूं इचरज भरा तमासा, जेता बिप्र तेता रैदासा ॥ 18 ॥

तबही एक डेरा कूं ध्याए, जन रैदास तहां पाए।
धनि धनि करि बोलै सब कोई, तबै बिप्र राषै मंहि गोई ॥ 19 ॥

सबही कै मन उपजी लाजा, साध संतायां होइ अकाजा।
जो वै कोप करै हम ऊपरि, तो जांहि सबही जरि बरि ॥ 20 ॥

हम अपराधी वै जन पूरा, उनकै साहिब सदा हजूरा।
सांचे हरि सांचे हरि जना, यूं प्रतीति पकरी बांभना ॥ 21 ॥

दोहा

धनि धनि साहिब तूं बड़ा, और बड़ा तुम दास।
जाति पांति कुल कुछ नहीं, बांभन भए उदास ॥

विश्रां—13

बहौरि सबै मिलि मतौ उपावा, जाई गहे रैदास के पावा।
चले सबैही गहर न कींनी, बिनती करि झाली संगि लीनी ॥ 1 ॥

कवंन भांति हम चरन गहोया, बहौतैं चूक परी हम महियाँ।
घर डेरै डंडोत जु करता, इहि बिधि आए मन मैं डरता ॥ 2 ॥

तब रैदास बोले ह्वै दीनां, तुम ऊंचे हम मधम कमीना।
कैसी पर डंडोत जु करहौ, अहो बिप्र तुम लाज न मरहो ॥ 3 ॥

बिप्र हारे पर बोल न आई, सबन कौं सुष दे सुषदाई।
राजा परजा सबही आए, निंदया करते तिन मा हूं भाए ॥ 4 ॥

बिप्र बहुत बिधि बिनती करिहै, कौन भांति करि हम निसतरिहैं।
तब रैदास कहै समझाई, आन जनम की कथा सुनाई ॥ 5 ॥

होता बिप्र नहीं हरि जानी, तातैं मोहि सुड़ करि आंनीं।
कनक मांहि जनेऊ काढ़ी, तब तैं देषि भए है आढ़ी ॥ 6 ॥

कीया भगति भयहैं सूचा, भगति बिनां सबही जग नीचा।
जाति पांति नांहीं अधिकारा, भगति कीया उतरे भौ पारा ॥ 7 ॥

बेद पुरान कहै या बांनी, भगति बसिहै सारंगप्रानी।
जनम सुफल हिरदै हरि भाषै, भजन प्रताप सबन परि राषै ॥ 8 ॥

जन रैदास कहै बिधि अैसी, सो सबही कै हिरदै बैसी।
बिप्र कहै तुम गुरु हमारा, अपना चरानां जाइ उबारा ॥ 9 ॥

माथें हाथ तुम देहु स्वामी, हम सेवग तुम अतरजांमी।
तब रैदास सबै सिष कीया, कृपा करी माथै कर दीया ॥ 10 ॥

राजा परजा सब सुष पावै, जै जै कार प्रेम बढ़ावै।
भगत भगवंत भिनि कुछ नांही, देषै आंन सु जरि-बरि जांहीं ॥ 11 ॥

श्रीपति साधू एकै बिचारा, एक समझै सो उतरै पारा।
दास अंनत प्राकृत भाष्यौ, भगत भेद याहीं मैं राष्यौ ॥ 12 ॥

बीस बार जब बोले साषी, तब मैं भगत परचई भाषी।
अच्छर एक जू जूठा नांहीं, जानैं साध असाध रिसाहीं ॥ 13 ॥

कोटि मुनेश्वर गावै कोई, रसनां कोटिक पावै सोई।
निति प्रति नोतम हरि गुन गावै, तउ न करतां गति पावै ॥ 14 ॥

हरि सागर मैं बूंद समांनी, कोई न जानैं कहाँ हिरांनी।

दोहा

हरि गुन कोई न बरन सकै, हारे सुर नर भाग।
दास अनंत बिचारिकैं, चरन गहै बड़ भाग॥

कबीर-रैदास गोष्ठी

रचयिता : सेन नाई, *कबीर-रैदास के समकालीन*

कबीर-रैदास गोष्ठी

नहीं नहीं हो माधो हित मोरा ॥
मैं कैसै दरसण पाऊं रांम तोरा ॥ 1 ॥
कबीर कहे जी ॥
एक ही ब्रह्म एक मलमूत्रा ॥
एक लोही एक गूदा ॥
पूरण ब्रह्म सकल घट व्यापक ॥
कुंण बांभण कुंण सूदा ॥ 2 ॥
रैदास कहै जी ॥
कुमति तणां दल बादल फूटा ॥
सुमति तणां प्रकासा ॥
हिरदै ग्यांन ध्यांन धरि देषौ ॥
सति भाषै रैदासा ॥
कबीर कहै जी ॥
ब्रह्म ग्यांन बिन ब्रह्म ध्यांन बिन ॥
हृदा सुध न होई ॥
पूरण ब्रह्म सकल घट ब्यापक ॥
और न दुतीय कोई ॥ 4 ॥
रैदास कहै जी ॥
तुम एक ही एक कहा कहौ स्वांमी ॥

दूजी प्रकृति कंह जाई ॥
दूजी प्रकृत मैं रूप धर्या है ॥
साधां एक बताई ॥ 5 ॥

कबीर कहै जी ॥
जेता फूल र तेती बासनां ॥
जेता पवन रे पांणी ॥
जे या उतपति प्रलै होती ॥
तौ प्रकृति कहां समांणी ॥ 6 ॥
रैदास कहै जी ॥
प्रकृति समांणी परम पुरष मैं ॥
सो बनराबन* मैं आया ॥

गोपिन कै संगि ग्वालैनि कै संगि ॥
चटकी दे दे गाया ॥ 7 ॥
कबीर कहै जी ॥
नां वै नाचै नां वै गावै ॥
नां वै बेणि बजावै ॥
पुरष न नारि नाथ नारायण ॥
वै औतार न आवै ॥ 8 ॥
रैदास कहै जी ॥
जे लीला औतार न होती ॥
तौ जीव कहां निसतरते ॥
अंध धंध की षबरि न होती ॥
सब जीव नरक परते ॥ 9 ॥
कबीर कहै जी ॥
कहां नरक है कहां सुरग है ॥
कौ आया कौ देष्या ॥
हंस बटाऊ कीया पयांना ॥
चलत न काहू पेष्या ॥ 10 ॥

---
* वृंदावन।

रैदास कहै जी ॥

ठाढा देष्या कदम की छहियां ॥
कंवल नाल कर लईयां ॥
पीतांबर बैजंती माला ॥
मोर मुकट सिर दईयां ॥ 11 ॥

कबीर कहै जी ॥

अष्ट कंवल दल हृदा भीतरि ॥
जे यौ मन पतियावै ॥
त्रिकुटी संगम दिढ़ करि राषै ॥
तौ आवागवण चुकावै ॥ 12 ॥

रैदास कहै जी ॥

तुम आवागवण ह्वैण द्यौ स्वांमी ॥
गांवण द्यौ गोपाला ॥
वा कै रूप छली बृज बनिता ॥
मोहण नंद कै लाला ॥ 13 ॥

कबीर कहै जी ॥

कहां नंद अरु कहां के लाला ॥
कहो कहां तैं आया ॥
अलष पुरस अबिनासी पूरण ॥
कहू क बिरलां पाया ॥ 14 ॥

रैदास कहै जी ॥

चहुं दिस नंद रु चहुं दिस लाला ॥
चहूं दिस बेदां गाया ॥
जहां जहां पाप प्रगट्या स्वांमी ॥
तहां तहां उठि ध्याया ॥ 15 ॥

कबीर कहै जी ॥

नही तहां पाप पुनि भी नांही ॥
नही तहां बेद र बांणी ॥
कहै कबीर सुनौ रैदासा ॥
जोति मैं जोति समांणी ॥ 16 ॥

रैदास कहै जी ॥

कौंण पचि मरै गुड़ी कै वोटै ॥
कौंण गहै पियाला ॥
बडी लूटि है रतन षजरनां ॥
रांम कृष्ण औतारा ॥ 17 ॥

कबीर कहै जी ॥

जा कूं तुम औतार कहत हौ ॥
सो होता जम झौर्या ॥
अबिनासी का मरम न पाया ॥
त्रिगुण नदी मैं बोर्या ॥ 18 ॥

रैदास कहै जी ॥

नृगुण सुरगुण एक गुसांई ॥
जा मैं रेष न रोपा ॥
सो हम देष्या बनराबन* मैं ॥

नंद घरां नंद गोपा ॥ 19 ॥

कबीर कहै जी ॥

कहां नंद रु कहां जसौदा ॥
कहौ कहां का जाया ॥
निराकार निरलेप निरंजन ॥
नृगुण बेदां गाया ॥ 20 ॥

रैदास कहै जी ॥

वै है करता वै है भरता ॥
वे केवल वे कृष्णां ॥
निराकार आकार एक ही ॥
सो रटि ल्यौ हो रसनां ॥ 21 ॥

कबीर कहै जी ॥

कानी** कथा न रीझूं राचूं ॥
सांची सिर पर राखूँ ॥

---

*वृन्दावन, ** कानी—कन्हाई-कृष्ण ।

निराकार कूं नवणि हमारी ॥
अघट अमी रस चाषूं ॥ 22 ॥
रैदास कहै जी ॥
सुणौ कबीर पीर मति वै ही ॥
वै बलि काज संवारण ॥
कंस केस हिरणाकुस हतिया ॥
भक्त प्रहलाद उधारण ॥ 23 ॥
कबीर कहै जी ॥
देह धरै ता कूं नहीं धीजूं ॥
अलष न औतरि आवै ॥
सुनि मंडल मैं जोति झिलमिलै ॥
सो म्हारै मनि भावै ॥ 24 ॥
रैदास कहै जी ॥
भगत हेत उन देह धरी है ॥
ब्रह्म बिड़द के काजा ॥
रांवण कुल कुटुंब सब काट्यौ ॥
दियौ बभीषण राजा ॥ 25 ॥
कबीर कहै जी ॥
वै मरै न मारै षिरे न षारै ॥
वै अबिनासी ऐसा ॥
पुरष न नारि नाथ नारायण ॥
नांऊं* भानां** बैसा ॥ 26 ॥

रैदास कहै जी ॥
वै मरै न मारै षिरै न षारै ॥
वानै कौंण बिड़द दे गाजै ॥
पुरष न नारि नाथ नारांयण ॥
कहौ किस बिधि पाजै ॥ 27 ॥
कबीर कहै जी ॥

---

* नाऊ–हज्जाम-नाई, **भाना–भनित–कहा हुआ।

बिड़द बहुत है अकथ कथत है ॥
जिन षोज्या तिन पाया ॥
घट घट मैं अघट अबिनासी ॥
अलष निरंजन राया ॥ 28 ॥
रैदास कहै जी ॥
तुम भूला छौ ब्रह्म ग्यांनी ॥
वा का मरम न पाया ॥
अंजन छौड़ि निरंजन गाया ॥
मिथ्या जन्म गमाया ॥ 29 ॥
कबीर कहै जी ॥
गुर भूलै तौ सिष समझावै ॥
सिष भूलै गुर तारै ॥
कहै कबीर सुनौ रैदास ॥
समझि भजौ निरकारै ॥ 30 ॥
रैदास कहै जी ॥
मैं तौ निगम नृति होइ बूझया ॥
सो तौ सब यूं भाषै ॥
बेद कतेब कौ कह्यौ न मांनै ॥
टेक आपणी राषै ॥ 31 ॥
कबीर कहै जी ॥
बेद कतेब षोजि सब देष्या ॥
ऐ सब ऊर्ली आसा ॥
यौ संसार नरक सब बूड़ौ ॥
करि करि बेद बिसवासा ॥ 32 ॥
रैदास कहै जी ॥
घटत न बढ़त घणां नहीं थोडा ॥
वै चंचल वै थीरा ॥
तरुन बृध बालपन वै ही ॥
वै काजी वै पीरा ॥ 33 ॥
कबीर कहै जी ॥
घटत न बढ़त घणां नहि थोड़ा ॥

वै निहचल निहकांमी ॥
अणहोता हूवा हरि नांही ॥
यसा हमारा स्वांमी ॥ 34 ॥

रैदास कहै जी ॥
तुम साची कही सही सति वा ही ॥
सबलां सज्या लगाई ॥
सबल सिंघार्या निबला तार्या ॥
सुनौ कबीर गुरभाई ॥ 35 ॥

कबीर कहै जी ॥
राग दोष सुष दुष तैं न्यारा ॥
वै नृवरति भ्रम न भौगी ॥
प्रवर्ति नहीं पुरष परमांनंद ॥
वै जोति सरूपी जोगी ॥ 36 ॥

रैदास कहै जी ॥
साध बेद भागौत बतावै ॥
सुर नर बहुत संघारा ॥
भगत-बछल भगतां बसि हूवा ॥
मति मेटौ औतारा ॥ 37 ॥

कबीर कहै जी ॥
ब्रह्मा बिष्ण सेस अरु संकर ॥
सुर नर जाकी सेवा ॥
अनंत लोक के ग्वाल गुसांई ॥
ऐसा हमारा देवा ॥ 38 ॥

रैदास कहै जी ॥
तेरी माई तुरकणी बाप जुलाहा ॥
पुत्र भया ब्रह्मग्यांनी ॥
बेद कतेब कौ कह्यौ न मांनैं ॥
बात आपनी ठांनी ॥ 39 ॥

कबीर कहै जी ॥
तेरी माइ चमार बाप चमारा ॥
कहा भक्ति तुम कीनी ॥

रांम नांम का मरम न जांन्यां ॥
माथै बेठि तुम लीनी ॥ 40 ॥
रैदास कहै जी ॥
(हंस चढ़्या ब्रह्मा जी आया ॥)
साषी बेद बुलाया ॥
साति भक्ति रैदास करी है ॥
कबीरै भेद न पाया ॥ 41 ॥
कबीर कहै जी ॥
झूठा साषी झूठा ब्रह्मा ॥
झूठा बेद पुरांनां ॥
जा जा ब्रह्मा घरां आपनैं ॥
तुम भी भेद न जांना ॥ 41 ॥

(सिंघबांहिणी बाद करत है ॥
बोलत मधुरी बांनी ॥)
सति भक्ति रैदास करी ॥
कबीरा भक्ति न जांनी ॥ 43 ॥
कबीर कहै जी ॥
तूं आंठैं सातैं गला कटावै ॥
घर घर षाती डौलै ॥
जा जा जगत की जननी ॥
कूडी साषि क्यूं बोलै ॥ 44 ॥
दुरगा कहै जी ॥
भोपति अनड़ मैं छत्र नवाया ॥
हू र कृष्ण घरि दासी ॥
भकत होइ बनां जाइ बैठा ॥
दे गली मार्या पासी ॥ 45 ॥
कबीर कहै जी ॥
जो तुम पार्या नरक गरास्या ॥
जा कै माया माता ॥

कनक कांमनी दोऊ त्यागी ॥
करि चे जौ ले लाता ॥ 46 ॥
दुरगा कहै जी ॥
तीन लोक मैं बसि करि राष्या ॥
हू र सकल को माई ॥
सुर नर दांणां देव भिष्यारी ॥
हूं रे किनूं नहीं षाई ॥ 47 ॥
कबीर कहै जी ॥
तैं निगुरा बाष्या भेद बिन भूंदू ॥
हम उबर्या हरि लागी ॥
तौ सेयां जे गति मुक्ति है ॥
तौ पीपै* क्यूं त्यागी ॥ 48 ॥

बृष चढ्या सिव बाद करत है ॥
बोलत इंम्रत बाणी ॥
सति भक्ति रैदास करी है ॥
कबीरै भक्ति न जांणी ॥ 49 ॥
कबीर कहै जी ॥
तूं तौ भूत प्रेत कौ दाता ॥
कदि तैं भक्ति कमाई ॥
जा जा संकर घरां आपणैं ॥
मिथ्या कांइ भ्रमाई ॥ 50 ॥
चाल्या सिव जहां गया जी ॥
जहां गरड़ गोपाला ॥
हम कौ भूत प्रेत करि थाप्पा ॥
जुलहा भेद अपारा ॥ 51 ॥
कबीर कहै जी ॥
तुम तौ सिंभू अजूंनी बाद करत हौ ॥
कहां चकवै वै भोला ॥

---

*संत पीपा।

डाल पांत कै पंछी बोलै॥
क्यूं मेटत हौ मूला॥ 52॥

चहुं दिस ऊभी दुरगा कोपै॥
महादेव षरा रिसांनां॥
पलक मैं परलै करि रालां॥
चहुं जुगां हम मांनां॥ 53॥
कबीर कहै जी॥
कहा तुम मारौ कहा तुम तारौ॥
को तेरा मार्या मरिहै॥
तुम तौ सिंभू अजूंनी बाद करत हौ॥
हम तुम सैं नहिं डरिहैं॥ 54॥
संकर कहै जी॥
दस औतार हूवा मो आगैं॥
देह धरु नहीं छोड़ा॥
तुम लघु मनिष कुचल कबीर॥
न करि हमारी होड़ा॥ 55॥
कबीर कहै जी॥
दस औतारां कारिज कीया॥
देह धरि धरम दिढ़ाया॥
भसमागर* आगैं तूं भागौ॥

तब हरि आंणि छुड़ाया॥ 56॥
संकर कहै जी॥
तीन लोक समांनी मेरै॥
कहा सरभर उहां कीनी॥
रांवन आइ पाइ जब लागौ॥
तब वा कूं लंका दीनी॥ 57॥

---

* भस्मासुर।

कबीर कहै जी॥
तुम र भरौसै रांवन बूड़ौ॥
करि करि सेव तुमारी॥
कुल के सब कुटुंब कटाए॥
भूंदू बुरी बिचारी॥ 58॥
संकर कहै जी॥
हूं र अजूंनी रिधि सिधि कौ दाता॥
हूं भगवंत भंडारी॥
तूं कुचल कमीण कबीरा॥
ना करि होड़ हमारी॥ 59॥
कबीर कहै जी॥
तुम परमोध्या तिर्या न कोई॥
सुणि हो संकर स्वामी॥
भक्ति मुक्ति सूं न्यारा रहि गया॥
हरि सूं हुई हरांमी॥ 60॥
रैदास कहै जी॥
कौंण तेरै ग्यांन है कौंण तेरै ध्यांन है॥
कौंण तेरै बेद र बांणी॥
कौंण ले कौंण आगैं झूझै॥
या मति कौंण सूं जांणी॥ 61॥
कबीर कहै जी॥
मन ही ग्यांन है मन ही ध्यांन है॥
यौ मन बेद र बांणी॥
यौ मन ले मन आगैं झूझै॥
या गति मन सें जांणी॥ 62॥
रैदास कहै जी॥
सो तुम गावौ सो हूं* गांऊं॥
तेरा ग्यांन बिचारुं॥
कहै रैदास कबीर गुर मेरा॥
भरम करम धोइ डारुं॥ 63॥

---

* मैं।

कबीर कहै जी ॥

भरम ही डारि दे करम ही डारि दे ॥
डारि दे जीव की दुबध्याई ॥
आत्मरांम करौ बिसरांमां ॥
हम तुम दोन्यूं गुरभाइ ॥ 64 ॥

रैदास कहै जी ॥

मांषन मथि रु तत दिषलाया ॥
भरम करम सब जाई ॥
कहै रैदास पीर गुर मेरा ॥
या मत तुम सूं पाई ॥ 65 ॥

कबीर कहै जी ॥

नृगुण ब्रह्म सकल कौ दाता ॥
सो सुमरौ चित लाई ॥
को है लुघ दीरघ को नांही ॥
हम तुम दोन्यूं गुरभाई ॥ 66 ॥

चल्या चल्या बिष्ण जी आया ॥
जहां कबीर रैदासा ॥
उठौ कबीर सनमुष ह्वै देषौ ॥
करौ कौंण की आसा ॥ 67 ॥

कबीर कहै जी ॥

कहै कबीर जी सुणौ बिष्ण जी ॥
तुम हौ चतुर बबेकी ॥
हम तौ बुरा भला जन तेरा ॥
या तत बस्त किन देषी ॥ 68 ॥

गरड चढे गोपाल कहत है ॥
सति भक्त म्हारै दोई ॥
सति कबीर धनि रैदासा ॥
गावै सैंनां सोई ॥ 69 ॥

इति श्री सैंन बिरचित कबीर अरु रैदास संबाद संपूर्ण ॥

नागरीदास कृत पद-प्रसंग से

रैदास

काहू समय रैदास जू को उत्कर्ष बहुत लोकनि कौं करत देखि, कितनेक ब्राह्मणन आंन धर्म अभिमानी हे, तिनकैं बहुत मत्सरता उपजी। तब बहुत सुबुधी सुहृद ब्राह्मन वैष्णवधर्म मैं सावधान हे। तिन उनकौं मनैं कीने तथा भक्ति महातम कहि सुनायो, तऊ उनके मन मैं न आई। वैसी ही वैसी मंडली मिलि राजा पैं जाय पुकार करी जु यह हीन जात, ठाकुर क्यौं सेवै, धर्मशास्त्र में मनै है, या को दोष तुम्हैं पहुँचै है। तब राजा नैं यह कही जो भक्ति महातम घटि नहिं, अरु शास्त्रहू खंडन न किया जाय, यातैं ठाकुर बीच मैं पधरावो, एक ओर तुम्ह बैठो, एक ओर वे बैठें। तुमहू आराधन करो, वेहू आराधन करो। जासूँ ठाकुर प्रसन्न हौंहिगे, ताही की ओर सुतह सिद्धि सिंघासन सहित पधारैंगे। तब ऐसैं ही किया।एक ओर ब्राह्मन अपरास होय, वेदपाठ करत करत द्वैं पहर बिताए; कंठ रहि गए, बहुत श्रमित है चित्त मैं दुख मानि बैठि रहे। फिर रैदास जू सौं कह्यो, अब तुम आरंभ करो। तब इनकौं और कछु तो आवत ही नहीं, द्वै मंजीरा फैंट मैं तैं निकास एक नयो पद बनाय अकेले ही गदगद कंठ दीनता, करुणा सहित गावन लागे। जब भोग की तुक आय चुकी, वाही छिन ठाकुर सेवा को सिंघासन, सब देखत चल्यो। सो रैदास जू की गोद में आय रह्यो। सो यह प्रसंग अरु पद जगत मैं बहुत प्रसिद्ध भयो। सो वह यह पद–

आयो आयो हो देवादिदेव तुम सरन आयो।
परम सुखको मूल, जाकैं नाहिं समतूल, जो चरन मूल पायो ॥
लियो विविध जोनि बास, जम की अगम त्रास,
तुम्हारे भजन बिन भ्रमत फिर्‌यो।
माया मोह विषय रस लंपट, यह दुख दुसतर तिर्‌यो ॥
तिहारे नाँव बिसवास, छाड़ी आंन की आस,
संसारी धरम, मेरो मन न धीजैं
'रैदास' दास की सेवा, मान हो देवा,
पतितपावन नांच प्रगट कीजैं।

मेरेधनरामकछूपाथर न सरैकामदाममेंचाहौचाहौडारो तनवारिकै। राइएकसोनौकियोदियोकरिकृपाराखोराख्योवह छानि मांछलेहुगोनिकारिकै ॥ 259 ॥ आयेफिरिश्याममासतेरहव्यती तभयेप्रतिकरिबोलेकहौपारसोकीरीतिको। वाहीठौरलीजैमेरोम ननपतीजैअब चाहौसोईकीजैमैंतोपावतहौंभीतिको। लैकैउठिगयूनयेकौतुकसो सुनोपावैसेवतमुहरपांचनितही-प्रतीतिको। सेवाहू करतडरलाग्योनिशिकहेउहरि छांड़ौअरआपनी औराखोमेरीजीति को ॥ 260 ॥

याते हरि भक्तिही बडी है किये शिष्य ॥ श्लोक ॥ अंत्यजाअपि तद्राष्ट्रं शंखचक्रांकधारिणः ॥ सुधिआवै राजा इंद्रद्युम्नअगस्तस्त्रपगजमेयेकियोबहुमान ॥ पद ॥ आजुके दिवसकी जाहुँ बलिहार। मेरेगृह आया राजारामजीका प्यार। करों दंडवत चरण पखारों। तन मन धन संतनि परवारों। आंगन भवन भयो अतिपावन। हरिजन बैठे हरियश गावन। कहैं कथा अरु विचारें। आप तरैं औरनिको तारें। कहै रैदास मिले हरिदासा। जनम जनम की पूजी आसा ॥ 1 ॥ पाथर न सरै काम पारसतौ सोई जो पार उतारै सोतौ एक रामनाम है ॥ 2 ॥ डरलाग्यो ॥ शलो ॥ स्तेयं हिंसानृतं दंभः कामः क्रोधः समायो मदः। मदोवै रमविश्वासः संस्पर्द्धा व्यसनानिय। एतेपंचदशानर्थाह्यर्थमूलामता नृणाम्। तसमादनर्थमर्थाख्यं श्रेयोर्थी दूरतस्त्यजेत् ॥ 5 ॥
चौपाई ॥ कैमाया कैहरिगुण गाई। दोनो सेती दीनों जाई ॥ 6 ॥ श्लोक ॥ विषयाविष्टचित्तानां विष्ण्वावेशः सुदूरतः। वारुणीदिग्गतं वस्तु व्रजन्नैंद्रींकिमाप्रुयात् ॥ 7 ॥

मानिलईबातईठौरलैबनाइचाइसंतनिबसाइहरिमंदिरचिनायो है विविधवितानतानगनौजोप्रमानहोई भोईभक्तिगईपुरीजगयशछायो है दरशनआवैलोगनानाविधिरागभोगरोगभयोविप्रनकेतनसबछायो है। बड़ेईखिलारीवेरहेहीछानिडारिकरी घरपैअटारीफेरिद्विजनसिखायो है ॥ 261 ॥ प्रीतिरसराशिसौरैदासहरिसेवत है घरमेंदुराइलोकरंज नादिटारीहै। प्रेरिदियेहृदयजाइद्विजनपुकारकरीभरीसभानृपआगै कहेउमुखगारी है। जनकोबुलाइसमुझाइन्याइप्रभुसौंपिकीनो जगय शसाधुलीलामनुहारी है। जितेप्रतिकूलमैंतौमानेअनुकूलयातेसंत नप्रभावमनिकोटरीकीतारी है ॥ 262 ॥

लोक रंजनादि आरिये ॥ 4 ॥ सवैया ॥ हमसों मनमोहनसों हितहै चुगली करि कोऊ कहाकरि है। अबतो बजिके बदनामी भई गुरु लोगनिकेजु कहा डरि है। कबि धीर कहै अटकी छबिसों ब्रजमे भटकी बिसरयों घरहै। तुमको यह बातसों कामकहा अपने कोउ जान कुँवा परिहै ॥ 1 ॥ मुखगारीहै ॥ पुष्करमाहात्म्य ॥ अपूज्या यत्र पूज्यं ते पूज्यपूजाव्यतिक्रमः ॥ तत्र तत्र प्रवर्त्तन्ते दुर्भिक्षं मरणं भयम् ॥ 2 ॥ न्याई प्रभुसोपि ॥ छन्द ॥ सदा कृपानिधान हौ कहा कहौं सुजानहौ अमान हान मानहौ समान काहि दीजिये। रसाल प्रीतिके भरे खरे प्रतीतिके निकेत रीति नीतिके समुद्र देखि देखि जीजिये। टीकी लगी तिहारियेइ सुआइयो निहारिये लोक रंजनादि टारिये समीप यों बिहारिये। उमंग रंग भीजिये पयोदमोददाइये बिनोदको बढाइये बिलंब छांडि आइ ये। किधौं बुलाइ लीजिये ॥

3 ॥ तारीहै ॥ दोहा ॥

पद ॥ आयो आयो हौ देवाधि तुम शरण आयो। सकल सुखकी मूल जाकी नाहिं समतूल सो चरण मूल पायो। लियो बिबिध जौन बास यमकी अगम त्रास तुम्हरे भजन बिन भ्रमत फिर्यौ ॥ माया मोह बिषय रस लंपट यह दुस्तर दूर तर्यौ। तुम्हरे नाम बिश्वास छांडिये आन आस संसारी धर्म मेरो मन न धीजै। रैदास दास की सेवा मानहुं देवा पतितपावन नाम आजु प्रगट कीजै ॥ 1 ॥

समाप्त

पंजाबी परंपरा की परचई

परची रविदास भगत की

चौपाई : अब रविदास की कथा सुनाई ॥ जिउ सि सुनिआ तिउ वरनो भाई ॥
रविदास जाति चमिआर कहावै ॥ जाति धरम कुल करम कमावै ॥
निस बासर अपकरम न माही ॥ लागि रहै कछु समझे नाही ॥
शास्त्र बेद को नहीं अधिकार ॥ तति गिआनु किउ लहै चमिआरु ॥
जाति बरन कुल करम का हीना ॥ निरगुन रूप हो रहिओ अधीना ॥ 1 ॥

दोहरा : प्रेम रतन सब की गिरहि, सब कउ ताकी आस ॥
कहु प्रीतम किन पाइआ, बिना प्रेम प्रगासु ॥ 1 ॥

चौपाई : जिसु घटि प्रीतम जोति दिखावै ॥ तिस घटि मांहि प्रेम उपजावै ॥
उमगै प्रेम तब पीतम पावै ॥ प्रेम परीतम एक होई जावै ॥
रहे प्रेम तहि अउर न बीआ ॥ प्रेम रूप घटि घटि वरतीआ ॥
प्रेम की बात कान जिस परै ॥ उमगै प्रेम तिस बउरा करै ॥
करि बउरा तिस करै सिआना ॥ तीन लोक महि प्रेम परधाना ॥ 2 ॥

दोहरा : प्रेम प्रेम सब को कहो, प्रेम न जानै कोई ॥
प्रेम पुरख परमातमा, जलि थलि महीअल सोइ ॥ 2 ॥

चौपाई : प्रेम पुरख परीतम परक्रित ॥ इह जग है ताकी परविरत ॥
परक्रित के बसि होइ करम कमावै ॥ करम का बाधा आवै जावै ॥ 2 ॥
प्रेम भाउ जब घटि मैं लागै ॥ त्रिगुण नींद तो सोइआ जागै ॥
जाग परै फिर नींद न आवै ॥ प्रेम प्रेम परीतम हो जावै ॥
कहिनु सुनन की सो बिध नाहि ॥ देखे हूं ते मन पतिआइ ॥ 3 ॥

दोहरा : बाटि घाटि नहीं पाइए, प्रेम न हाटि बिकाए ॥
जउ परीतम किरपा करै, घटि ही मैं उमगाइ ॥ 1 ॥

चौपाई : रविदास रैनि सखोपत सोता ॥ तहि बिना प्रेम कछु अउर न दोता ॥
तिह तह अपना आप निहारा ॥ इहु जग जाका मांहि पसारा ॥
चमक परिओ सु सुधि महि आइओ ॥ पुनि प्रेम महोदधि गोता खाइओ ॥

: कब डूबै कब ऊपरि आवै ॥ प्रेम समुंदर की थाहु न पावै ॥
बिन दरसन तिस चैन न परै ॥ अहिनिस प्रेम अगनि महि जरै ॥ 4 ॥

दोहरा : मुख ते गुंगा होइ गइआ, बोलै कछु न बैन ॥
बोल नाम उचरन लहौ, जिउ चंद चकोरा रैन ॥ 1 ॥

चौपाई : कर बीच वह गरदन रहै ॥ सीत ऊसन सब सम करि सहै ॥
नहीं किस कउ तिस रहिओ ॥ लगत प्रेम सो हो वउरा गइओ ॥
बुरा भला कोऊ कहि जावै ॥ करि उचै तिस नदर न लावै ॥
कोई आन खाक सिर डारै ॥ कोई धरम दइआ करि चंदन धारे ॥
इहु बउरा कछु मन नहीं आवै ॥ राचि रहिओ पूरन भगवानै ॥ 5 ॥

दोहरा : मन प्रकाश देहा का, सब इंद्री के ले सार ॥
सो जाइ रचो निज प्रीतमै, को करै देहि संचार ॥ 1 ॥

चौपाई : अरे प्रेम तूं बुरी बलाइ ॥ जहि तू रहे तह कोई न रहाइ ॥
आसा मनसा देहि निकारी ॥ प्रेम अगनि जाही तन जारी ॥
दुख दरद न भउ तिसहि बिआपै ॥ अभै पदारथ प्रेम ही खापै ॥
जोग बेराग गिआंन जो ईसे ॥ प्रेम गुरु पे चेलै दीसहि ॥
सब देखै हम सार पछार ॥ प्रेम परमातम त्रिभवण सार ॥ 6 ॥

दोहरा : प्रेम बीज अूंर जग, संसा सोच न काइ ॥
जिस घटि प्रेम प्रकासई, सो प्रीतम होइ जाइ ॥ 1 ॥

चौपाई : अधिक प्रेम रविदास लगाना ॥ जगत और ते भइओ दिवाना ॥
बैठ बजार सो पनहिआ गाठै ॥ भउ प्रेम मगन इत उत कउ हाटै ॥
जो कोई कछु देइ सौ लेवै ॥ जो देउ नहीं इऊ ही कउ देवै ॥
ऊंचे कर नहीं नैन पसारै ॥ भावैं को जावे सिरि मारै ॥
कछुक गिआंन तिन गुर ते पाइआ ॥ पुनि देखि दरस प्रेम अधकईआ ॥ 7 ॥

दोहरा : कहा होत गुर गिआन ते, जउ घटि प्रेम न होइ ॥
प्रेम तबे घटि होत है, जउ नैन लखावै कोइ ॥ 1 ॥

चौपाई : कोई एक पूरब तंहि आइआ ॥ गंगा नहावण संग सिधाइआ ॥
एक संगी ने पनही गढ़ाई ॥ बंधी दमड़ी तिनै दिवाई ॥
सो दमड़ी पुनि तिस कउ दीनी ॥ स्री गंगा जी की भेटि सो कीनी ॥
इउ कहिओ तिस किओ समझाई ॥ गंगाकओ इह लै दिखराई ॥
जब गंगा करि आगै करै ॥ तब देहि तिसे बांही अउसरै ॥ 8 ॥

दोहरा : जो दमड़ी वा नै दई, पुनि बाही कउ दीन ॥
सहित सुनाइ रविदास ने, भेटि गंगा कीन ॥ 1 ॥

चौपाई : जब जात्री गंगा पर गइआ ॥ जाइ तीर परि ठाढा भइआ ॥
गंगा जी सो बिनती कीनी ॥ इह भेंट तुमारी रविदास ने दीनी ॥
बाहु काढ करि दीओ पसारी ॥ तिन दमड़ी ता हूं परि धारी ॥
ता करि कंगण एक लाल जडाए ॥ धरि परि गिरिओ उन लीन उठाए ॥
देइ भेटि एहनामु लिआए ॥ अचरज कथा कछु कहिन न जाए ॥ 9 ॥

दोहरा : गंगा तिस कंगण दीओ, जड़िओ जडाऊ अनूप ॥
जिउ हरि तंदल चाब कै, कीओ बिप्र कउ भूप ॥ 1 ॥

चौपाई : पाइ कंगन तिन नऊनिध पाई ॥ किस हू सिउ नहीं बात जनाई ॥
लै आइओ अपने घरि तांई ॥ घरि राखिओं तिह गुहजी थाईं ॥
ताकी त्रिआ पीआ कहाई ॥ घरि होते भूखे किऊ रहई ॥
कंगण वेच करि दाम करीजै ॥ अंन बसत्र ले सुखी रहीजै ॥
सो लै कंगण जवाहरी कउ दिखाइआ ॥ वहि तहि देखु बिसमै होइ आइआ ॥ 10 ॥

दोहरा : जाइ कहिओ कुटवाल कओ, जहवारी लाग कै काना ॥
एक कंगण चोरी का लीए, ढाढा मोहि दुकाना ॥ 1 ॥

चौपाई : तबहि कुटवार ताकउ बुलाइ ॥ कह कंगण ते कहां ते पाई ॥
हा हम कै डरिते तिन कहि दीआ ॥ मैं गंगा ते इहु कंगण लीआ ॥
रविदास मोहि एक दमड़ी दीनी ॥ करि सरर्घा भेट गंगा कउ कीनी ॥
सो गंगा ने बांहु पसारा ॥ दमड़ी लीनी बिच हरिदुआरा ॥
तिह करि ते कंगण गिरिओ ॥ पा इनाम सिर पर लै धरिओ ॥ 11 ॥

दोहरा : इहु गंगा की बखसीस है, मोकऊ दीआ एनाम ॥
रविदास प्रसादि ते पाइओ, नहीं चोरी को काम ॥ 1 ॥

चौपाई : तब कुटवाल मन ऐसी आई ॥ इह कैसे सचिनिओ* जाई ॥
रविदास भगत अरि कंगण बाले ॥ ले आइओ वै निकटि भूपाले ॥
भूपत देख बिसमै हो रहिआ ॥ अचरज बात कछु जाए न कहिआ ॥
तब राजा रव्रिदास सिउ कहई ॥ साच कइहु किओ करि अही ॥
रविदास कहै इहु कंगण जिस का ॥ सोई निआउ करैगी इस का ॥ 12 ॥

दोहरा : राजे मन महि कोप करि, हुकम किआ कुटवाल ॥
इनही ईहां राखहो, जओ न होई सचिआरु ॥ 1 ॥

चौपाई : तब रविदास ने कहिओ बखिआना ॥ सुनहो राजा सुथरि सुजाना ॥
गंगा जल लिआवहु भूपालौ ॥ गंगा जल गंगा इहु कालै ॥
लघु तीरथ का भरम तिआगो ॥ समता गिआंनू घटि भीतर रचबाहु ॥
सब घटि भीतर ब्रहम है एकू ॥ बसतु एक है भाजन अनेकू ॥
जिस का मन चित ही बहुत चंगा ॥ तिस कउ आहि कठउती गंगा ॥ 3 ॥

दोहरा : गंगा जल मंगाई कै, दीओ कठौती डार ॥
तब तिन सिउ बिनती करी, ऊपिर बसतर डार ॥ 1 ॥

चौपाई : ऐ गंगा तू हरि जन भावै ॥ जगत तीरथ तो कऊ बतलावै ॥
जगत मै तीरथ बहुत प्रधाना ॥ कलजुग मैं नहीं तोहि समाना ॥
जउ इहु कंगण तैने दीआ ॥ नहि चुराइ इन कहां ते लीआ ॥
तब दूसरो तुम करि होई ॥ कर किरपा दीजै वहि सोई ॥
जाते झगड़ा इस का मिटै ॥ तोहि दइआ ते प्राणी छुटै ॥ 14 ॥

दोहरा : जब रविदास बिनती करीओ, वसत्र लीओ उतार ॥
कंगण दूजा पाइआ, राजा रहिओ निहार ॥ 1 ॥

चौपाई : देखि चलत्र बिसमै भइओ राजा ॥ इह भगत आहि परपूरन काजा ॥
जब राज ने परचो पाइआ ॥ दे कंगण वै विदा कराइआ ॥
इहु बात सबन सुनि पाई ॥ रविदासहि सब जगु पुजमाई ॥
रविदास भगत सकल जग जाना ॥ चार बरन ताकी माने आना ॥
जो को हरि सिउ प्रीति लगावै ॥ दुहि जग मैं वड़िआई पावै ॥ 5 ॥

---

* सचनिओ-सवाचना : पता करना।

दोहरा : मनि बच करम हरि धिआइए, सबु घटि अंतरि हेर ॥
प्रेम पदारथ परस कै, तृण ते होई सुमेर ॥ 1 ॥

चौपाई : मीरा बाई राजकुमारी ॥ बिसन भग्त परम हितकारी ॥
तिस साधि संगति की इछा होई ॥ रविदास पास चल आई सोई ॥
ताके चरन जाइ तिन पकरे ॥ खुनसे विप्र तहां के सगरै ॥
जउ चमार दीखिआ कउ देवै ॥ दिज को नाम कहां को लेवै ॥
इहु अनीति देखि दुखि पाई ॥ होइ सरमिंदे मरि मरि जाही ॥ 16 ॥

दोहरा : रविदास भगत भगवान को, पूजै सालगराम ॥
प्रेम मगन अहिनिस रहे, सब बिधि पूरन काम ॥

चौपाई : जब बिप की कछु न बसाई ॥ जाइ राजा पंहि चुगली लाई ॥
शास्त्र बेद पुरान न भाखी ॥ इहु कांहू कै मति नहीं आखी ॥
सालगराम पूजै रविदासु ॥ चार बरन कउ होइ उपहास ॥
जा के देस अनीत जो होई ॥ ता कै देस सुख बसै न कोई ॥
जो कोई अनीति चलावै ॥ राजा ताकउ डंड दिवावै ॥ 17 ॥

दोहरा : राजा कउ बूझीए, जो कोई उस के देस ॥
बेद रहित करत न करै, डंडे तिसै नरेस ॥
चौपाई : तब राजे रविदास बुलाइआ ॥ जब बिप बरन सब ही जुर आइआ ॥
राजा ताकउ बात जनाई ॥ ठाकुर पूजा तुझ किनै बताई ॥
बेद रहित चाल जो चलैहै ॥ उन लीए पगु तहां न धरेहै ॥
चार बरन आसरम है चार ॥ तिस कउ भिन भिनं आचार ॥
इत मिरजात मैं जे को होई ॥ कुसल करम धरम करे सब कोई ॥ 18 ॥

दोहरा : बरन आसरम कुल कुल धरम ते जो पग वाहिर राखि ॥
ताकउ हउं मैं देउ मार मिलावह खाक ॥ 1 ॥

चौपाई : सति बचन रविदास उचारा ॥ हरि भगत मांहि सब को अधिकारा ॥
जीओ पिउ जिन हरि ते पाइआ ॥ पुनि कजल बचन दे जग मैं आइआ ॥
जगत जाइ हरि भगत कमावहु ॥ बनि हरि सेव न दूजा भावहु ॥
सालगराम जो हरि बपधारा ॥ तउ सब कऊ पूजन का अधिकारा ॥
सालगराम जो पाथर आही ॥ तिस सब को पूजौ बिबरजत नांही ॥ 19 ॥

दोहरा : सालगराम सब को परै, इन मै बडो बिबेक ॥
बिसवास बिना सब पूजई, बिरलै ठाकुर एकु ॥ 1 ॥

चौपाई : मंत्री तिस का असु रसमाई ॥ तिन नै तहा एक बात चलाई ॥
हरि को निआउ हरि ही ते होइ ॥ बिन हरि अउर न जानै कोइ ॥
ले सालगराम सब सरता* डारहु ॥ अवाहन ठाकुर सबे उचारहु ॥
जो पूजा का अधिकारी होई ॥ ता पहिआइ पूजावहि सोई ॥
जे को पाथर पूजै लोरे ॥ तउ जग महि न पाथिर थोरै ॥ 20 ॥

दोहरा : धरम निआउ हरि ही करै, जो हरि सेवक होइ ॥
ता पहि ठाकुर आइ कै, आपि पुजावै सोई ॥ 1 ॥

चौपाई : इहु भूपति मनि नीकी मानी ॥ रविदासहू ने उतम करि जानी ॥
बामन ता महि रहै खिसाई ॥ भूपति सिउ कछु नाहिं बसाई ॥
ले सालगराम सरता मैं डारै ॥ अवड्रान सबै उचारै ॥
भाउ भगत होवै तउ आवै ॥ डारत ही सरता डुब खारै ॥
ऐसे ही सब दीए डुबाई ॥ तब बारी रविदास की आई ॥ 21 ॥

दोहरा : रविदास ते ठाकुर लै के डारिओ, सरता मांहि ॥
मुरगाई जिउ तरि फिरिओ, बामन देखि खिसाहिं ॥

चौपाई : मुरगाई जिउ जल मैं फिरै ॥ भगत हेतु हरि क्रीडा करै ॥
सिआम कमल जिउ देउ दिखाई ॥ मानो अंखिअन पुतरी सिआम सुहाई ॥
राजा देखि बहुतु सुख पावै ॥ बामन सगले अधक खिसावहि ॥
चुगल खोर मुहकाला भइआ ॥ रविदास भगत का आदर रहिआ ॥
जब रविदास भगत बुलाइआ ॥ प्रेम मगन हरि दउरिआ आइआ ॥ 22 ॥

दोहरा : ले तुलसी दल रविदास ने, करि भाउ भगत परणामु ॥
धूप दीप नई वेद सिउ, पूजै सालगराम ॥ 1 ॥

चौपाई : जब बामन वे अधिकारी खिसाए ॥ दे दिलासा विदा कराए ॥
भाउ भगत जो कोई करै ॥ तिन ते ठाकुर दूर न परै ॥
रविदास भगत कउ करि प्रणाम ॥ पुन भूपाला आइओ निज धाम ॥
रविदास भगत अपने हरि आइआ ॥ प्रेम प्रभाउ न जाइ छपाइआ ॥
प्रेम मगन झूलत सद रहै ॥ सो अंतर बाहिर प्रीतम लहै ॥ 23 ॥

दोहरा : करम धरम सब भरि गए, उमगिओ अधिकह प्रेमु ॥
मनसा वाचा करमना बिनसिआ, सगला नेमु ॥

चौपाई : देह सहित बिसारिओ बिउहासा ॥ जउ उभा* तउ ऊभा रहै ॥
ऊठ चलै तब इत उत बहै ॥ कबहूं हंसै कबहू बहि रोवै ॥
कबहुं कंवल सिउ बिगस खलौवै ॥ कबहूं कवल जिउ बिगस खडोवै ॥
जउ लेटे लेटि आही रहै ॥ जउ बोले जावत जावत कहै ॥
प्रभ भूत ते अति बउराइआ ॥ ताको कोउ न करे उपाइआ ॥ 24 ॥

दोहरा : प्रेम प्रवाह जा घटि बहे, मन बुधि चित अहंकार ॥
दिन मै परले कर रहै, जिउ एक परलै बार ॥ 1 ॥

चौपाई : प्रेम के बस होइ बुधि बिसराई ॥ बिसर गी जग की चतुराई ॥
मतिबारे जिउ घूमति फिरै ॥ अचल बिचल बानी उचरै ॥
सब को देख अधरन मै हंसै ॥ जा तै सब घटि प्रीतम बसै ॥
सोइ परे जब बिरह सतावै ॥ दरस पिआस को त्रिखा बुझावै ॥
तब लोक करत थे मान बडाई ॥ अब कमला जान सब को हस जाई ॥ 25 ॥

दोहरा : देहि द्रिसटि या जगत की, पूजहि बाहिर मेस ॥
प्रेमी कउ सोई लखै, जा घटि प्रेम प्रवेस ॥ 1 ॥

चौपाई : बाहिर जग मै फिरै उदासा ॥ अंतर प्रेम रविदास पिआसा ॥
बाहिर चलै फिर उठ बहै ॥ ऊतरे इक रस राता रहै ॥
अंतर-मौन हो रहे धिआवै ॥ बाहिर बहुविधि बादु, वखानै ॥
अंतर सीतल परम अपारा ॥ बाहिर दुंद मचावन हारा ॥
इस दिन मन बुधि चित थक गई ॥ देहि मीत को चित सो भई ॥ 26 ॥

दोहरा : प्रेम मगन मन मूरछा, बुधि अहंकार अउ चीतु ॥
गलत महोदधि प्रेम महि, तन जिउ भीत को चीत ॥ 1 ॥

चौपाई : अंतर प्रेम सो नैन उधारै ॥ प्रीतम अंतर द्रिसटि निहारै ॥
सो प्रीतमु त्रिभवण सारू ॥ निरंकार वोहि सरब आकारू ॥
अंतर जोति सरूप प्रगासा ॥ तीन भवन मैं ताका बासा ॥
लखीपति मै जो रूप दिखाइआ ॥ पुनि सो रूप द्रिसटि मंहि आइआ ॥
साई सरूप फिर बाहिर आइओ ॥ दरसन देख चरनी लपटाइओ ॥ 27 ॥

---

* उभा—ऊभा-बैन।

दोहरा : ठाकुर तब प्रसन भओ, रविदास मांगहि सो लेहु ॥
रिधसिध नउनिध सब, ले सुख भोग करेहु ॥ 1 ॥

चौपाई : रविदास ठाकुर कहिओ बुझाई ॥ इह रिधसिध जो तोहि बडाई ॥
ताकउ अब नीके सुन लीजै ॥ जाते तेरा मन जो पसीजै ॥
जिह असथान तूं पगहि लगावै ॥ रुपये मुहरां तहुं उपजावै ॥
द्रिसटि हीआं जहां भर ताकै ॥ सब धातू कंचन करि साकै ॥
बचन सिध तेरा सब होवै ॥ सब को चरन तुमारे धोवै ॥ 28 ॥

दोहरा : संपति लोक सुरलोक लउ, नउ खंड प्रिथवी राजु ॥
जो मांगों सो देत हो, सकल सवरग समाजु ॥

चौपाई : रविदास कहौ हे प्रान पिआरै ॥ सकल जगत है तोहि अधारै ॥
तू आतम परआतमु सोई ॥ तुम ते भिन मंहि कहु कोई ॥
जो तुम ते कोई भिन्न कछु कहौ ॥ भरम भूतना असुर सुअहौं ॥
अब रविदास अउर जग सारा ॥ घटि घटि मंहि तू फूरने हारा ॥
को मांगे का कउ तुम देहू ॥ तुम बिन दूजा अहि ने केहू ॥ 29 ॥

दोहरा : प्रेमी प्रीतम रूप जो, दोनो गए बिलाए ॥
जोतु सरूपी आतमा, रहिओ प्रेम छवि छाई ॥ 1 ॥

सोरठा : भाखि सुनाइओ प्रेम जिउ, रविदास घटि उपजिओ ॥
जो सुन करि पकरै नेम, हरि ऐसे ही तुम मिलै ॥ 6 ॥

(प्राप्ति माध्यम—प्रो. हरमहेंद्र सिंह बेदी, अमृतसर)

रैदास-सन्दर्भ

भक्तकाल : राघवदास चतुरदास की टीका के साथ

छपै रैदास नृमल बांणी करी, संसैं ग्रंथ बिदार नैं॥
आगम निगम सुंण[1], सबद सब मिलत उचारन।
पैं पांणी भिन्नता, संत हंसा साधारण।
गुर-गोबिंद परसाद, मुकति याही पुजांहीं।
ब्राह्मन क्षत्री चकित, काटि उप नयन बतांही।
अष्ट मदादिक त्यागि, या चरन रेंन सिर धार नैं।
रैदास नृमल बांणी करी, संसै ग्रंथ विदार नैं॥ 131 ॥

टीका

ईदव रांमहि नंद सुसिष्य भलौइ क, ब्रह्म सु चारिहु चूंनहि ल्यावै।
छंद बैस्य कहै इक चूंन हमारहु, ल्यौ तुम बीस-कबार[1] सुनावै।
मेह भयो तब बापहि ल्यावत, भोग धरयौ हरि ध्यांन न आवै।
रे किम ल्यावत बूझि मगावत, ढेढ बिसाहत श्राप चलावै॥ 116 ॥
नींच भयो सिसु खीर न पीवत, या दिसु पूरब बात रहाई।
अंबर बैंन सुन्यौं रमनंदहि, दंड भयो मनि यौं चलि जाई।
देखत पाइ परे पित-मातहि, सीस धरयौ कर पाप नसाई।
बोबन पीवत यौं पन जीवत, ईसुर जांनत फेरि भुलाई॥ 117 ॥
साधहि सेव लगे रयदास जु, मात-पिता स जुदा करि दीया।
संपति ठांव दिया न हुता बहु, याहु तिया पति नांव न लीया।
जूतिन गांठि निबाह करै तन, और उपांनत संतन कीया।
सालगरांमहि छांनि छवावत, आप सवा हरि बांटहि धीया॥ 118 ॥
पावत कष्ट गनैं न भजै हरि, संत सरूप धरे प्रभु आये।
भोजन पांन कराइ रिझावत, लेहू करौं सुख पारस ल्याये।
पाथरढीं मन सुं नहि कांम, भजैं इक रांम बहौ समझाये।
हेम दिखाइ दयो घसि रांपि न, हाथि दयो धरि छांनि पिखाये॥ 119 ॥

---

1. पुरांण।

मास तियौं दस बीति गये हरि, पूछत है जन पारस रीतं।
ल्यौ वहि ठौर समोड़ र चौरस, द्यौ किहि और स पावत भीतं।
लै फिर जात सुनौं नव बात, महौरहु पांच दई निति धीतं।
पूजन हुं करते भय मांनतं, राति कही प्रभु राखत जीतं ॥ 120 ॥
आय समांनि चणावत मंदिर, साधन राखि भली बिधि चीन्हीं।
तांनि बितांनहू ठौरन, भाव भगति सु कोरति कीन्ही।
राग र भोग करै बिधि बिद्धिन, ब्राह्मन बैर धरै बुधि दीन्हीं।
आप सिखावत बिप्रन कौं हरि, नीच तिया महलाइत भीन्हीं ॥ 121 ॥
प्रेम सहेत करै निति पूजन, यौं रयदास छिप्यौहि लड़ावै।
तौहु सिलावत भूपति कौं दिज, होइ सभा मुखि गारि सुनावै।
दाम बुलाइ कहे नृप जोर न, न्याव करै हरि गैल छुड़ावै।
राखि सिंघासन दोउन के बिचि, तेउ बड़े जिन पै प्रभु आवै ॥ 122 ॥

मूल

दास रैदास की पैज रही निबही, सर्ब लोक सिरै मधि कासी।
बिप्रन बाद कियो यह जांनिकैं, सूद्र क्यूँ सालिगराम उपासी।
टेक यहै बटवा बिचि राखहु, जाहिकै प्रीति है ताहिक आसी।
राधो कहै गये दास रयदास पैं[1], प्रीति खुसी हरि जाति न जासी ॥ 132 ॥

टीका

गढ़ चितोर हि भूप तिया सिषि, आइ हुई उस नाम मुझाली[2]।
साथि कई द्विज देखि उठे दझि, भूपति पैं स सभा मिलि चाली।
भांति उहीं धरि है बिचि ठाकुर, पाठ करै द्विज है सब खाली।
गावत है पद हौ अघ-मोचन, आइ लगे उर प्रीति सु पाली ॥ 123 ॥
देसि गई फिरि कागज भेजत, आइ दया करि पावन कीजै।
आप चितौर गये धन वारत, ब्राह्मन आवत पांहू जिमीजै।
जीमन कौंज लगे जबहि दिज, दोइन मैं रयदास लखीजै।
आंम्हनि सांम्हनि पेषि भये सिष, काटि र कंध जनेउ दिखीजै ॥ 124 ॥

●●●

1. कबीर।